——消費變便宜，為何不好？
什麼都漲的時代？為什麼只有薪水不漲？

# 廉價日本

增訂版

中藤玲／著
呂丹芸／譯



安いニッポン
「価格」が示す停滞

# 二〇二四作者新序　從「廉價日本」到「貧窮日本」

二〇二四年五月。

目前居住在美國的筆者有一次暫時返回日本，在搭乘號稱「日本空中玄關」，連接成田機場與東京市中心的京城電鐵 Skyliner 時，發現對號座位全部都客滿了。不知道跳過了多少班次之後終於搭上車，身旁的乘客則大部分都是觀光客（訪日的外國遊客）。

我問一位搭同班機，從舊金山機場一起出發的年輕女性，為什麼要到日本旅行呢？「我想要吃好吃的食物，也想買些雜貨和化妝品，還想看看日本的城堡！日圓很便宜，這樣一切也都變得很便宜不是嗎？」

二〇二一年三月，《廉價日本》一書在日本發行，日本民眾終於了解到「日本的廉價商業模式在全世界都不是常態」。類似的主題在電視、書籍和雜誌上不斷地出現，「廉價日本」這個詞也開始出現在各式各樣的地方。

從那以來已過了三年。民眾對低工資問題已深入了解，薪資上漲的趨勢正在穩步形成。

在二〇二四年初，首相岸田文雄就強調「二〇二四年將實現收入高於物價上漲」，以及在今年的春季勞工談判，工資的增幅超過了五%，為三十三年來的最高。

另一方面，自一九九〇年的一美元換算一六〇日圓，二〇二四年初以來日圓又貶值了一〇%。由於日圓大幅貶值和原油價格飆升，到三月份為止，扣除通膨影響的實質薪資已連續二十四個月為負值。在這個背景下雖然物價仍高，超市所銷售的食品價格也紛紛上漲，但仍不到歐美的物價水準，在日本，薪資與物價上漲的正向循環仍然未被建立。

以下舉例來說明「廉價日本」的現象仍然存在。

英國國家郵政局在二〇二四年所發表「最便宜的旅行目的地」中指出，會安（越南）排名第一，開普敦（南非共和國）排名第二，蒙巴薩（肯亞共和國）排名第三，而接下來的東京則排名第四。這個排名是由咖啡及晚餐的價格來進行比較，而在社群媒體上，這個現象讓大家對於「日本不是已開發國家嗎」的說法感到困惑。

事實上，在這些排名與評價之下，世界又再次掀起了赴日熱潮。根據日本國家旅遊局（JNTO）統計，二〇二四年三月訪日遊客人數約為三〇八萬人次，這是自一九六四年開始統計以來首次突破三〇〇萬人次。在此之前，單月的最高紀錄為二〇一九年七月的二九九萬人次，和疫情之前二〇一九年三月相比，高出了十一．六%。

在思考過「廉價日本」的現象以及新冠疫情之後，日本對於觀光客的策略也開始有所改變。

目前有個成為話題的「觀光客套餐」一詞，意指「專為觀光客設定的價格」。在二〇二四年二月於東京豐洲開幕的「豊洲　先客万来」美食街裡，此處所提供的海鮮蓋飯分別是五二〇〇日圓和六九八〇日圓，比起日本普通的海鮮蓋飯平均價格要高得多。

也就是說，針對觀光客所設定的價格，日本人稱之為「觀光客套餐」。在本書中，就曾指出在北海道的滑雪渡假勝地二世谷也有著這樣的餐飲店，同時分析了「就算在日本，也有針對日本人和觀光客的兩種不同價格」的論點，而這個現象也正在日本蔓延。事實上，筆者在東京市內尋找落腳旅館的時候發現，即使是狹小的商業旅館也超過了一萬日圓，比起二〇二三年十一月的七〇〇〇日圓高出許多。印象中在市中心，觀光客取向的豪華飯店數量也增加了不少。這些漲價對受益於日圓貶值的訪日外國人來說其實不痛不癢，而如果這些專門的「觀光客價格」普遍於日常生活中的話，對於那些領日圓薪水、用日圓來消費和生活的日本人來說，痛苦或許也會減輕一些。這種「新常態」同時，也反應出日本人在出國旅遊上的困境。

二〇二四年黃金週連假期間，電視上播出了日本遊客帶著裝著米和烏龍麵的行李箱前往夏威夷旅遊的畫面。雖然在日本也有人批評「這樣不就沒有出國旅遊的意義了嗎」，但事實上，這個情況絕不是什麼稀奇的事。

在筆者從二〇二三年開始居住的美國矽谷中，美食街一個漢堡套餐之類的速食，一個人也要二〇美元（一美元換算一五五日圓的話就是三三〇〇日圓），就算一美元換算成一〇〇日圓也要二二〇〇日圓。總之在美國感覺什麼都很貴，因此在美國的日本人都會說「就不要換算成日圓了吧」。在美國西岸大學的日本留學生也因為「光靠家裡寄來的津貼無法過生活」，而選擇在日本料理餐廳打工。

一間套房的租金大約為三〇〇〇美元，也比日本高上一個層級。

另一方面，在加州因為通膨，從四月開始，速食店的基本工資上漲到每小時二〇美元，有著非常清楚的薪資的上漲循環。

當然也有人不會從薪資上漲中受益。例如在舊金山，無家可歸和藥物成癮的社會問題非常多。然而在這個「人工智慧（AI）之都」，它正在利用新技術吸引投資，並再次讓城市回歸它的成長週期。

雖然盲目的說「高價就是正義」並不洽當，但日本什麼時候才能跟上這樣的經濟成長循環呢？希望日本官方在閱讀分析了這本書之後，能採取具體的措施，來避免日本從「廉價日本」變成「貧窮日本」。

二〇二四年五月 中藤玲

推薦序

# 「廉價日本」進行式：
# 成為貧窮人海外旅遊首選國！

旅日作家 張卉青

「全球最便宜的迪士尼與大創，居然在日本」?!本書第一章節標題聽起來對台灣人而言或許相當震撼，但這對在日本居住十年的我來說並不意外。書中內文描述到，一名帶著太太和二歲年幼女兒的日本男性抱怨，帶著一家人去趟迪士尼的花費過高，而我想這樣的情形近年來在日本並不罕見。

這讓我回想起幾個月前因出差造訪東京的時所感受到與看到的景象：高聳的摩天大樓在陽光下閃耀，辦公大樓錯落有致，高檔精品被擺放在明亮的落地窗，華麗得像極了一幅畫。我走在素有「東京名媛最愛的逛街天堂」之稱的有樂町街道上，微風徐徐吹來，好不愜意。

在這熙熙攘攘的繁華街道上，絲毫感受不到這近幾年來媒體上所報導的「貧困日本」跡象。四周擠滿了手提大包小包的購物者，仔細一看，才發現他們多半是外

Foreword

國觀光客。沒錯，現在擁有強大購買力的，已經不再是日本本地人。貧困日本的情況確實正在發生，昔日日本人的購買力似乎已經大不如前。對外國人而言，日本已不再昂貴，最近甚至有了這樣的說法：「因為窮才去日本玩！」正如同中藤玲所說「廉價日本」的現象正在上演。

## 日本不靠觀光客活不下去？

二〇二三年年初，因為工作的緣故，有幸與從事觀光產業的資深日本人前輩，聊聊日本當地的社會問題。令我印象很深刻的是，他劈頭第一句就說：「日本人越來越窮，不靠外國人來消費是不行的了！」

對於他這一番話，我點頭如搗蒜。日本確實不再像以前那樣「富有」了，雖說不是整體社會環境的品質下降，但是個人薪資成長的確相當遲緩。

一九九一年日本泡沫經濟後，日本開始走入低利息社會，市場投資不熱絡，使得經濟成長處於停滯狀態，這也影響到日本薪資漲幅長達三十年都在持平的狀態。

這二年，隨著新型冠狀病毒流行退減，歐美國家經濟全面重起，全球商業服務的供應體系不穩定，加上烏克蘭戰爭讓糧食與能源價格上漲，引發全球通膨持續發生，日本也深受其害。美國為了抑制歷史性的通貨膨脹，迅速提高利率，而日本則繼續實施大規模的金融寬鬆政策，將利率壓制在零左右。對投資者來說，具有利率的貨幣可以帶來更多收益。因此，世界各地的投資客轉向購買美元，將日圓拋售，這些背景原因都使得日圓不斷貶值。

日圓貶值後，不僅導致能源和食品的進口價格上漲，也使得日本人對海外觀光興趣缺缺。英國《經濟學人》雜誌更曾在二〇二〇年的文章中，將日本人描述為「將瀕臨絕種的觀光客」。旅居日本的我，在消費行為上也開始有了轉變，不只在日本國內買東西時越來越計較價格，連回台灣花錢都花得特別小心翼翼。

然而，日圓貶值對於國際性的日本企業來說是相對的好消息，因為當海外收益轉回日圓時，價值會增加。此外，日本一直以來是諸國民眾喜愛的觀光國，這也直接影響到訪日觀光客的數量。最近，經常可以在許多觀光景點看到商家笑呵呵的收進大把大把的鈔票。

回想學生時代，我在一家大型連鎖藥妝店打工，店長曾告訴我：「我們店的銷售額不到一〇%是來自日本人，九〇%以上的收入都靠海外觀光客。」這說明一家商店的存亡與外國觀光客的消費力息息相關。以京都市中心的商店街為例，過去三年的疫情沒了外國觀光客的到訪，導致四分之一的店面倒閉。

此外，京都這十年的街景氛圍也有非常大的變化。從一開始只有零星歐美觀光客出現，隨著疫情解封，現今造訪京都的西方國家遊客隨處可見。東南亞面孔的觀光客也比過往來得多，消費能力一個比一個還要強。對這些觀光客而言，日本消費已不再昂貴，就像是進了大打折的高級百貨，享受著超值的高檔服務與購物體驗。

## 成爲先進國家中的「貧困之國」

廉價日本的另一個光譜，則彰顯出日本貧窮問題。根據OECD（經濟合作暨發展組織）最新數據顯示，日本已成為所有先進國家中貧窮率最高的國家。日本正在面臨的問題是「相對貧窮率」的攀升。「相對貧窮」意指在特定國家或地區的水平中，相對於大多數人而言，處於較為貧困的狀態。從收入的角度來看，這指的是家庭的收入未達到該國的等值可支配所得中位數的一半。在日本已經開始出現「貧困老人、貧困年輕人、貧困兒童」的問題，令人驚訝的是最新數據顯示平均約每九位兒童就有一位面臨貧困。

日本，究竟怎麼了？是什麼原因讓日本人的消費力越來越差，甚至成為先進國當中的第一貧困國？除了日圓貶值及景氣低成長，造成了投資低迷外，還有什麼是造成日本消費力大不如前，走向先進國家的貧窮國？主要受以下三大因素影響。

## 一、非正職人口增加

日本的非正職人數逐年增加，這意味著未獲得完善保障的人口恐越來越多，其中包含打工族、契約職員等。這些族群的薪資與福利往往不如正職那般完善。

造成非正職增加的最根本原因，與企業為了市場競爭力而降低營運成本有關。日本在一九九〇年代經濟泡沫化後，非正職的人口年年上升，至今仍呈現增加的趨勢。

在這樣的社會架構下，經濟條件位於底層的人想要脫離貧困，就難上加難了。最血淋淋的例子是日本人資市場中，正職與非正職，無形之中被貼上標籤——在轉職時，前一份工作是否為正職經常會是被審視的一項指標，非正職要轉職到另外一個正職的職缺，比原先就是正職的人來得困難許多。

## 二、單親家庭增加

在相對貧困率的十五．七％中，有一半是單親家庭，內閣府的調查顯示，超過八〇％的離婚父親未支付子女撫養費，這導致養育兒童的單親媽媽負擔加劇。因此，許多單親家庭的母親為了賺取足夠的生活費，鮮少在家與子女互動。

孩童在身心發展的過程中，最需要的是陪伴與溝通，親子溝通不足會導致孩童壓力積聚，學習變得不投入、學業成績下降，漸漸出現與他人之間的教育落差。特別是在日本，最終學歷或正職與非正職會嚴重影響收入，造成難以脫離貧窮的惡性循環。

## 三、人口超高齡化、少子化

過去就有許多文獻指出，高齡、少子化是造成社會貧困很大的原因之一，而少子化的成因，與非正規雇用的擴大及正規雇用薪資漲幅小，也有直接的關聯性。當非正規雇用比例擴大，人們收入減少、不敢消費，也會降低生子意願。

此外，當市場上流出的青壯年勞動人口與年長者人口不成比例，一位年輕人所需負擔的社會支出就會相對提高（稅金增加）。同時，由於年長者較多，政府需要提供更多的醫療資源和退休福利，這可能導致社會成本增加。

## 享受廉價日本正是時候

回歸到《廉價日本》一書，中藤玲對日本近年社會現象的深入觀察，並分析了「日本逐漸走向廉價的窘境，以及為何變得廉價」等問題。以「廉價日本」為主軸，探討日本更深層的結構性問題，是值得一讀的好書。

當台灣人樂享日圓貶值帶來的購物快感時，日本人卻面臨著物價上漲、薪資停滯、貧窮等困境，彷彿在經濟火海中掙扎求生。然而，不可否認，現在正是台灣人訪日的好時機。畢竟，日本有全球最便宜的迪士尼樂園和大創百元店，正等著歡迎大家來體驗並盡情地消費一番！

推薦序

# 不要讓今日的日本，成爲明日的台灣

作家／譯者　裴凡強

廉價日本？對於像我這樣的「六年級生」來說，一開始還真的難以接受。因為從小對日本的印象就是——先進，不論是想像力天馬行空的卡通，或是指揮艇組合讓人拍案叫絕的玩具，乃至於橫空出世，讓人愛不釋手的巴掌大小手遊，繼之以各種聲光效果占據我童年尾聲的任天堂紅白機，件件都足以令當時我這個小男生「玩物喪志」，留下深刻印象。

## 日本物價的今與昔

然而這些先進的產品，還得靠錢來研發，因此當一九八五年看到一個「影の伝説」卡匣要價四千九百日元時，再看看臺灣的售價是四百，以當時新臺幣一元約可兌換六日圓來看，「高價日本」，才一直是我心中的印象。

小學五年級時，媽媽帶我跟團去日本，那是我第一次踏上嚮往的動漫之國，當時《宇宙刑事》是我的心頭好，本打算到日本要多買些相關商品，但是每樣「成千上萬」的商品即使除以六，依然貴得讓我自覺媽媽賺錢不容易，就挑個一兩樣最愛的適可而止就好，然後由於太貴，深怕玩具玩壞了心疼，只好「供著」，而不捨得玩，至今三十多年，還如新地放在我的櫃子裡；然後就是讀大學時「全球最貴城市排名」，一度在本世紀初雙雙上榜的東京與大阪，早已因為日圓持續貶值，消失在排行榜多年。所以當全臺灣以及這個世界大部分國家都壟罩在通貨膨脹的困擾及萬物皆漲的陰霾之下時，原本物價讓人咋舌的日本，居然處在相反的緊縮狀況，實在讓人難以想像。

這樣的環境，除了身歷其境的日本人之外，最有感的，想必莫過於觀光客，到日本旅遊的費用，可能已經遠低於到東南亞的支出，甚至不斷地出現讓旅客驚豔，但讓業者淌血的更低價行程，可以說日本旅遊過去吸引人的各種優點，如今都已被淹沒在

「廉價」浪潮中，意味著到日本玩並非因為這裡安全乾淨風景明媚，就只衝著便宜而已。

## 是什麼讓日本變的「廉價」？

記者出身的本書作者中藤玲女士，以一次在南韓首爾購物的經驗，偶然間發現，同樣的「大創」商品，竟然比日本貴了許多，這件事瞬間衝擊到了她，讓許多塵封回憶翻江倒海般一湧而出，像是在曼谷的購物商場，一杯基本的拿鐵咖啡要價約七百日圓，西服也比她想像中要貴上許多；甚至連只在印度排第三大的城市邦加羅爾（Bangalore），若要下榻在一間乾淨清潔的旅館，一晚就要付出約三萬日圓的代價，但在日本，這樣的價位，早已把在日本同等級的商務旅館遠遠拋在後面，在這個世界，若有所要求，不論是「舒適」或「可口」，就要付出相對的價格，在外國的經驗，刺激了記者因多年採訪造就的職業敏感度，為什麼全球的物價不斷攀升，日本卻反其道而行之，一步一步走向本來不可能沾上邊的廉價呢？看起來全歸咎於

「安倍經濟學」一味地讓日圓貶值是不公平的，畢竟從上世紀九〇年代起，當時的晉三還只是個不滿四十的素人呢，就已由東京股市崩盤，導致房地產價格一落千丈，至今都尚未恢復元氣。自此日本開始失去的年代，從「失去的十年」再到「失去的二十年」，然後是「失去的三十年」，如今「廉價日本」這個議題一出，也讓日本繼「低欲望社會」以及前述「失去的N年」後，又被貼上了一個嶄新的標籤，且短時間內難以撕下。

## 他山之石，可以攻錯

富有職業道德與使命感的中藤記者，希望能夠藉由這本作品，讓置身「廉價」難以自拔的日本，找出迎向未來的可能，讀罷這本書，不禁掩卷嘆息，他山之石，那臺灣呢？同時這本書也激勵了同樣出身背景的筆者，希望能在更多方面，撰寫出問題，激起討論問題的空間，並嘗試解決問題。

導讀

# 啥！廉價日本!!

中華經濟研究院特約研究員　吳惠林

提起太陽國日本，給人的印象是世界強國、風景優美、文化古蹟眾多，是全球的觀光勝地，但東西很貴。時常聽到的一個說法是，碗很大，但裡頭的東西很少、價格卻不低，而「東京土地是世界第一貴，什麼都是世界第一貴」的印象更是深深刻印在腦中。雖然電器產品、藥品還是相對便宜且品質高，赴日觀光者總會為自己或親朋好友們滿載而歸，但一般而言，日本還是予人「物價高」的刻板印象。

所以，當這本《廉價日本》映入眼簾時，我著實懷疑是不是看錯了，尤其當全球幾乎都籠罩在「通貨膨脹」的陰影中煩惱不已的此刻，日本竟然出現背道而馳的「價格停滯」或「通貨緊縮」局面，更加令人好奇。「這是真的嗎？」的疑問立即浮現腦際，我急切地一窺究竟。

## 日本真便宜

這本書是由日本記者中藤玲透過實地觀察、比較，並訪問一般民眾、企業和一些專家學者，且參考比較國內外統計資料，先在二〇一九年底於報紙上以「廉價日本」為標題連載，再加上之後新冠疫情相關內容和新的訪談、讀者問題的回答等等，最後由她整理成書出版。

全書分四章，第一章記述廉價日本的現狀，由東京迪士尼跟大創都是全球最便宜談起，再以「夢幻世界」「迴轉壽司」等為例，凸顯出日本物價真的是全球最便宜，並探索「為什麼會這麼便宜？」也訪問讀者對「廉價日本」之看法，而以三位學者專家訪談作結。第二章報導日本的低薪資，三十年來薪資都沒成長已成為「人才廉價的國家」，而勞動生產力在主要先進國家中吊車尾則是主因。由於薪資低，招不到海外人才，約有七成受訪日本人卻「不要求調薪」，由「雇用型態」進行探討，最後再採訪三位學者專家的意見。第三章記載「廉價日本」如何被外國人買走。舉「二世谷」「技術」「動漫」為例說明，發現「到日本工作的人變少了」。最後第四章則探索新冠肺炎過後「便宜日本的未來」將會如何？並提出「國家、企業及個人該怎麼做？」

綜觀全書，圍繞著「日本低物價、通貨緊縮、低薪、失落三十年」這一主軸，並歸因於「日本人喜歡物價低，一提高價格就拒買」這個習性，於是逼得業者不敢漲價，只能往控制生產成本及產品質量縮水下手，而人事成本的不變、甚至壓低就首當其衝，因而薪資三十年來沒成長、「人力資本」低落、勞動生產力低。所以，物價低、利潤低、薪資低、消費停頓、沒有需求的惡性循環於焉形成。在這種情況下，企業投資裹足不前，新創公司也無法出現，經濟停滯不前，蕭條就是理所當然了！

乍看這樣的解析很有道理，但誠如作者所提到的這樣意見：「因為一直都在日本生活，雖然薪水低，但物價便宜，所以我還是過得很舒服。這樣有什麼不好嗎？」而所謂「廉價日本」已持續二、三十年，日本人的生活和幸福度降低了嗎？價格不斷上漲就代表經濟成長嗎？便宜的鄉村和高價昂貴的都市，哪一種生活比較幸福呢？舉不丹這個小國為例，在二〇〇八年加入促進經濟成長的行列後，才短短的兩年，不丹人的幸福度就下跌、幸福國度不再，因為不丹人被突如其來的經濟繁榮沖昏了頭，其總理就說：「財富帶來了更多慾望，有些家庭現在擁有四、五輛車，但這些進口的豪華轎車卻很難在我們國家的道路上行駛，因為它們是為了路況遠比不丹更好的道路所製造。」而為了讓車子行走，這個國家便大興土木開闢山路，進而破壞環境。如修馬克（**E.F. Schumacher**）在其一九七三年著作《小即是美》（***Small is Beautiful***）中所言，「經濟發展只能到某種程度」或「適可而止」即可，日本的濟發展是否已達「適可而止」的程度了呢？由政府強力主導的城鄉平衡，只見房地產投機炒作橫行，貧者無立椎之地的情況更嚴重、無殼蝸牛滋生、金錢遊戲更烈，生活真的比較幸福嗎？

## 日本眞的「失落三十年」？

回顧日本現況，人云亦云的「失落三十年」究竟指的是什麼？日本的ＧＤＰ仍是世界第三、外匯存底全球第二、日本產品還是行銷全球，依然是先進國家，到底哪裡失落了呢？是不是一九八〇年代「日本第一」「學習日本」「日本能，為何我們不能？」種種歌頌日本的聲音消失才引發這種失落感呢？不過，當時日本出超最多、外匯存底世界第一、日圓對美元節節升值，日本汽車全球到處跑，美國房地產成為日本人的搶手貨，而「買下美國」更是日本人的雄心大志。但這些現象與想法，到了一九九〇年代被證明只是「海市蜃樓」、泡沫經濟的假象而已。一九九〇年代泡沫經濟崩潰正是結構改革的良機，而丟棄凱因斯「政府創造有效需求」迷幻藥、酗酒或毒癮式的錯誤政策，回歸市場機制、「供給創造需求」傳統樸實、實質經濟才是正確的辦法，而日本長久以來民間的「高儲蓄率」正是最好的引擎。奈何日本歷屆政府還是與各國政府一樣，死抱著凱因斯理念不放，一再提出各種「刺激經濟景氣方案」，而「印鈔」刺激物價上漲是主要方案，「壓低利率促進投資、繁榮股市房地產」更是代表性政策。如此一來，日本人存錢，不敢多消費的習性於焉形成。

如今，我們對「不消費經濟就慘了」的聲音耳熟能詳，這是典型的凱因斯「節儉的矛盾」或「儲蓄拉低所得」看法，這也就是「活在當下，沒有明天」的寫照。而凱因斯的名言「在長期，我們都死光了」（In the long run, we are all dead）早已明白的告訴我們，實行他的理論政策就是沒有明天、沒有未來，因為人都死光了嘛！他的理論是「沒有時間」只是「極短期的當下而已」。

## 都是「低利率」的錯

「儲蓄」是當期所得沒有消費掉的部份，為的是明天之後消費用的，而且會產生更多的所得（或產品）供明天之後來消費。所以，儲蓄也就是「明天的消費」，其間是透過儲蓄轉成「明天的投資」，於是生產出更多、品質更好的產品來消費，讓明天更美好、更幸福。不過，在凱因斯理論掛帥下，這個鏈結斷掉了，因為此理論告訴我們「壓低利率即可促進投資」。問題是：低利率的資金從何而來？低利率低儲蓄、高利率高儲蓄是常識，在低利率時，民間儲蓄少，無法存到金融機構作為業者投資的資金，只能由政府印鈔票給金融機構再低利借給業者，這也就是當今「印鈔救市」「量化寬鬆」政策所呈現的場景，而且民間儲蓄率很低。值得探討的是，日本卻不是這個樣子。我們知道，日本政府也在印鈔救市，而且利率極低，但民間儲蓄率卻很高，這究竟是怎麼一回事？

一個可能的解釋是，日本人口老化，這些銀髮族沒有固定收入，但身邊卻有存錢，由於沒有家庭供養，也缺乏政府的福利，他（她們）必須省吃儉用來度過餘生。前一陣子「負利率」的時候，金融機構不歡迎這些人存錢，或者因利率太低，這些人乾脆自購保險箱，將錢存放在家。曾經聽聞日本保險箱搶購，甚至缺貨的報導。在貨幣寬鬆或低利率政策下，他們的購買力不會高，也喜歡低物價。不過，這裡又有一個問題，政府大力印鈔撒錢，這些錢跑到哪裡去了？銀髮族的存款是過去工作賺來的薪水沒用掉的部分積累下來的，而政府每年多印的錢，只有少部分落到這些人手中，絕大部分都被大老闆以低利借走了。他們或者從事投資或投機炒作房地產、股市金錢遊戲，前部分比重較低，而這部分才與物價有關。另一大部分則反映在資產價格，與一般物價無關。所以，增加的貨幣數量只有部分流到一般物品的買賣上，物價也就無法大漲。於是造成物價穩定，通貨膨脹沒出現，甚至還出現通貨緊縮、或物價下跌的情況。

本書描述的日本商品低價、薪水低、利潤低現象，或許是真相，但應該不是作者所擔心的不好現象，更不該呼籲政府用什麼政策措施或干預來改變，否則會弄巧成拙。應把自由市場交由人民來運作，政府應該適當控管貨幣數量，創造並維繫一個公平、公正、安全、和諧的生活和投資環境即可。

其實，這本書告訴世人「日本是購物天堂」。那麼，疫情過後，大家何不相招赴日觀光並體驗，印證一番呢？

前言

# 變得「廉價」的日本

中藤 玲

「咦，這不是應該要一〇〇日圓嗎？」

二〇一九年，我在旅遊勝地韓國首爾。

為了準備當成伴手禮的不鏽鋼製韓國餐具，我去了趟市內的大創，當我要拿取陳列在架上的商品時，我的手卻停了下來。

很多我覺得「真不錯」的筷子或碗，訂價是三〇〇〇韓元（約二八〇日圓）或五〇〇〇韓元（約四七〇日圓）。

在日本明明可以用一〇〇日圓買到，這裡卻有點貴了。

當我決定不買以後，突然產生一個疑問。

「該不會日本的價格特別便宜吧？」

當這樣的疑問出現後，許多回憶也一湧而上。

在泰國曼谷的購物中心喝的咖啡那堤約七〇〇日圓，就連西裝也比想像中貴。在印度邦加羅爾一間整潔的旅館約三萬日圓，但價格卻比日本乾淨的商務旅館貴，僅只追求「舒適」就要付出相當高的價格。

以前聽過這樣一句話：「東京土地世界第一貴，什麼都是世界第一貴」。今昔相差甚多。

當我再度驚覺日本的廉價時，我腦中浮現了過去以外國觀光客為主要客群的家電量販店主管說過的話。

「他們不是因為日本很棒才一直來的，是因為買東西很划算才來的。」

日本經濟新聞社也意識到了這個問題，在二〇一九年十二月以「廉價日本」為主題做了三次連載，身為記者的筆者也參與了這個企畫。第一篇報導是〈「低價」反映停滯？日本的迪士尼、大創，全球最便宜！〉。透過比較可以發現，世界各地迪士尼或大創、旅館等的價位，日本都是最便宜的。沒有調薪、追不上世界成長的日本，經濟停滯早已蔓延——所報導的內容大致如此。接下來兩篇的主題則是〈二世谷超貴！但全球排行僅三十一？〉〈『年薪一四〇〇萬日圓是低收入戶』！日本的人才出走危機〉。

這些話題在電視和社群網站上引起了熱烈的討論。

「日本的通貨緊縮沒想到這麼嚴重。」

「真的是這樣。每次從國外出差回來，我都會因為日本便宜的物價而深受感動。」

在平日的生活中，原來大家都隱隱約約有著同樣的不安。

另一方面，也有這樣的意見：「因為一直都是在日本生活，雖然薪水低，但物價便宜，所以我還是過得很舒服。這樣有什麼不好嗎？」

「通貨緊縮」指的是物價持續下跌。日本的物價幾乎沒有漲過，長期處於跟通貨緊縮類似的經濟狀態。而這種狀態比通貨緊縮還要糟。如果一直處於經濟緊縮的狀態，日本就會被持續成長的全世界拋在後頭，招收不到人才也買不起東西。現在大家都吃三〇〇日圓的牛丼，但總有一天會連牛丼都吃不到。

「便宜」對民眾來說是「日子過得舒服」，但對供給者的觀點而言卻是「利潤不能成長」，如此薪水便會停滯不前，陷入消費停頓、沒有需求的惡性循環。由於價格調低後就無法再調漲，所以企業會盡可能的不降價，以最低限度來降低生產成本。

在這種情況下，改變世界秩序的新創公司還會誕生嗎？對於各個企業公司而言，經營方針的最佳解答仍然是「便宜」，所以日本仍會因為這樣而停滯不前。

考慮到這些事，薪資跟物價均衡上漲的國家才是有成長及發展性的。這種方式也能為民眾的人生規劃帶來更多元的發展。

今天的日本只有「忍耐、存錢」或是「慢慢變窮」。當日本在因為「失落的三十年」而佇足不前的時候，世界已經不斷成長，而日本的地位也大大改變了。

在首爾看見的大創價格，正顯示了日本正經歷著不可思議的物價以及時代的動盪。

本書以刊於日本經濟新聞及日經電子版的〈廉價日本〉報導為基礎，添加了一些當時沒寫完的內容或後續的訪談、讀者問題的回答等等。我為了採訪跑了很多地方，採訪者的職稱以當時為準。

在新冠疫情蔓延、大家減少外出、經濟活動也大幅受到限制的當下，物價低廉的日本會變得怎麼樣呢？在了解到世界和日本的差異之後，日本、企業以及個人到底該怎麼做才好？

期許被「低價」操弄的人及產業，能夠藉由此書得到明日的最佳生存方式。

二〇二一年二月

# 目次



CHAPTER 1

## 全球最便宜的迪士尼與大創，居然在日本?!——昂貴又精緻的日本，變便宜的理由？

# CHAPTER 2

## 年薪一四〇〇萬日圓是「低收入」？——

### 人才廉價的國家

CHAPTER

# 3

## 「被買走」的日本──外國人如何買下日本？

CHAPTER 4

# 廉價日本的未來——新冠肺炎後，世界會變成什麼樣子？

**找解方！**

迴轉壽司曾被稱為「會轉的壽司」，現在的一般壽司店被稱為「不迴轉壽司」。

CHAPTER

# 1

## 全球最便宜的迪士尼與大創，居然在日本！？

——昂貴又精緻的日本，變廉價的理由？

# 1 —— 世界上最便宜的「夢幻世界」

「光是門票就這麼貴嗎？」

二〇一八年七月，去美國加州蜜月旅行的職員龍澤曉宗（二十六歲），原本幸福絕頂的心情在一瞬間回到了現實。

讓他吃驚的是透過旅行社買的迪士尼樂園門票。一人約一萬六〇〇〇日圓，是當時日本的二倍以上。加上吃飯和買禮物，錢就這樣飛走了。「本來以為日本已經很貴了，沒想到這裡更貴。」

停留在這裡一星期的費用，兩個人就花了八〇萬日圓以上。龍澤大嘆：

「連在旅館喝的早餐咖啡都是日本的二倍。只好跟自己說，畢竟是一生才一次的蜜月旅行……」

另一邊，千葉縣浦安市的JR舞濱站。

我在新冠肺炎尚未擴大前的二〇二〇年一月來到這裡，看著五顏六色氣球和大袋子的家庭來來往往。在東京迪士尼樂園這個夢幻世界的背景下，眾人的表情都是幸福的。這是黃昏時分舞濱站前熟悉的光景。

我詢問來自泰國的三位二十多歲女性為什麼選擇來迪士尼，她們說：「比去中國便宜，而且日本的陣容更豪華，讓人非常滿意。」

「就算訂的是樂園附近的旅館，一個人合計也不到二萬日圓。日本的CP值真的很棒。」她們笑著離開了。

為了解釋這樣的差距，我查詢了世界各國迪士尼樂園的成人一日券（當日券、單一樂園）換算成日圓後的價格。

考慮到在新冠疫情下各樂園營業狀況的影響，我用二〇二一年二月中旬同一天的預約價格來做比較（匯率使用一月下旬的時間點。加州因為無限期停業中，所以價格參考二〇一九年，巴黎則是參考預定重新開園的二〇二一年四月價格）。

相較於日本的八二〇〇日圓，美國佛羅里達州貴了約八成，為一萬四五〇〇日圓，加州和巴黎、上海也都超過一萬日圓。在迪士尼樂園所在的六個城市中，日本的門票是最便宜的。雖然占地大小等規模各異，但連「比日本還小」的香港也要約八五〇〇日圓。這種傾向在新冠肺炎擴大之前是差不多的。更

## 圖表 1-1 日本的價格格外便宜

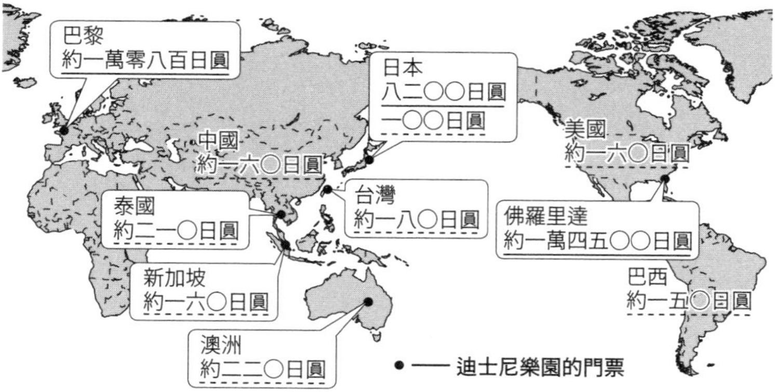


注　迪士尼樂園二〇二一年二月中旬的一日單一樂園成人價格。巴黎為預定重新開園的二〇二一年四月價格。大創為主要商品的不含稅價格。全部都是二〇二一年一月下旬時間點換算成日圓後的價格。

不用說日本在二〇二〇年三月之前還是七五〇〇日圓，只有美國價格的一半左右。

佛羅里達和上海、巴黎則採用「價格浮動制」，根據需求適時調整價格，日子不同，價格可能會有三〇〇〇或五〇〇〇日圓的差距。佛羅里達最便宜的日子也要約一萬二〇〇〇日圓，而上海則是某幾天為六四〇〇日圓。稍後會提到，日本從二〇二一年三月起雖然也引進了價格浮動制，但平日和週末的差距只有五〇〇日圓。

現實就是，日本的迪士尼樂園是世界最便宜的水準。

僅管如此，日本人應該還是十分享受這樣的划算感吧——

我在舞濱站前，詢問了幾組正要從東京迪士尼回家的日本人家庭，他們的感想卻有些不同。

帶著太太和二歲年幼女兒的日本男性（四十六歲）說：「門票貴就算了，加上交通費一個人就超過一萬日圓。吃的和喝的也貴，所以自己從家裡帶水壺來。」這一天是女兒的生日，所以他狠下心花錢。「但是感覺一年比一年貴，以後不太可能來了。」他苦笑道。

第一生命經濟研究所的首席經濟學家永濱利廣批評：「從日本人的所得跟生活水準來看，就算日本的迪士尼門票是世界上最便宜的，也還是**太貴**。」

## 連續六年漲價二〇〇〇日圓，還是比其他國家便宜！

誠如那位帶著妻小的男性所說，東京迪士尼近年來一直在漲價。

二〇一四年三月為止是六二〇〇日圓，但隨著四月起消費稅增加，所以四月將門票定為六四〇〇日圓（漲二〇〇日圓）、二〇一五年為六九〇〇日圓（漲五〇〇日圓）、二〇一六年為七四〇〇日圓（漲五〇〇日圓）、二〇一九年為七五〇〇日圓，（漲一〇〇日圓），接著二〇二〇年四月為八二〇〇日圓，調漲幅度七〇〇日圓，為歷年來最高。在六年內合計漲了二〇〇〇日圓，但仍然是全球最便宜的水準。

東京迪士尼是全球少數不被美國華特迪士尼公司直接管理的遊樂園。我詢問了依合約經營東京迪士尼的 **Oriental Land** 公司，對方回答：「我們會定期對入園遊客進行價格感受調查，調整成適合樂園價值的最佳價格。」

便宜的票價跟客源息息相關。迎接創立三十五週年的二〇一八年度（二〇一八年四月至二〇一九年三月），東京迪士尼的入場遊客達到史上最多的三千二百餘萬人。

然而，「雖然門票相對便宜但遊客太多了，幾乎玩不到設施，所以還是感覺不划算。」一位二十九歲的中國女性批評道。

因此迪士尼砸了總價二千五百億日圓來做擴建工程。

這樣的東京迪士尼也受到了新冠肺炎的打擊。

為了避免感染人數的擴大，東京迪士尼於二〇二〇年二月底暫時休園，二〇一九年度（二〇一九年四月至二〇二〇年三月）的入園遊客為二千九百餘萬人，比前一年度減少一成。重新營業後因為仍有人數限制，所以二〇二〇年度的入園者預計是有史以來最低的九五〇萬人。二〇二〇年度發表的最終損益可能為赤字五一一億日圓（前期爲六二二億盈餘）。從一九九六年上市以來，這是首次整年度呈現最終赤字。

在困境之下，東京迪士尼終於決定引進因應需求適當調整價格的「價格浮動制」。二〇二一年三月二十日起，當遇到週末及春假等旺季時，門票為八七〇〇日圓，調漲五〇〇日圓。目前雖然設定的是漲五〇〇日圓，但日後會再設計出更細部的價格帶。這種隨著遊客人數或節日等調整價格的手法，在美國實施已久。

在不改變東京迪士尼的收益結構下試算，想要有盈餘需要有六成的入園人數。東京迪士尼每一個客人的營業額，最高紀錄是二〇一八年的一一八一五日圓（門票收入五三五二日圓、商品販售四一二二日圓、飲食販售二三四一日圓）。新冠疫情下由於無法增加入場遊客，所以利用漲價效果提高客單價也是一種方法。

東京迪士尼的客單價在上市後首次超過一萬一〇〇〇日圓，是在景氣回溫的二〇一三年度。現在也有一部分的聲浪表示：「疫情讓公司業績變差，獎金也變少了。就算疫情減緩後想帶家人去迪士尼玩，也會因為漲價而不太想去。」（四十多歲的女性）

八七〇〇日圓甚至還不到美國票價的七成。儘管如此，消費者的心理仍然十分嚴峻。

## 2 ——「通通一〇〇」只存在於日本

在各種商品跟服務中，也常常見到日本跟全球價格的不同常識。

大創擁有約七萬六千種商品，其中九成的未稅價是一〇〇日圓。我在二〇二一年一月去了東京龜有的店面。八百四十八坪（約三千平方公尺）的店內陳列著約五萬種商品，如果想要每個都仔細瞧瞧的話，可能要花上一整天。甚至還有「戶外專區」「加濕機專區」等類似大型量販店的專區，但幾乎所有商品都只要一〇〇日圓。從年輕的媽媽到銀髮族，每個收銀機前都有三十人以上在排隊。

「這個也是一〇〇日圓」在大創店內可以聽見
這樣開心的聲音（東京都內龜有店）

在新冠疫情加劇前，大創對外國觀光客而言，也是非常有人氣的地點。二〇一九年，一位從馬來西亞來的女性在原宿店（東京澀谷）內，笑咪咪的把玩偶造型的海棉跟塑膠收納盒等東西塞滿購物籃。

「這麼便宜，真的沒關係嗎？」她說。

大創可以稱為「廉價日本的象徵」，經營者為大創產業，公司總部位於廣島縣東廣島市，雖然沒有上市，但在全球二十六個國家及地區開了二千二百四十八家店，堪稱國際企業。（注：海外分店計算時間點為二〇二〇年十二月，包含合資企業及代理店。海外價格為二〇二〇年二月時的價格。）

自從二〇〇一年揮軍海外，於台灣開設了首間分店之後，目前大創在韓國有一千三百六十五間分店、泰國有一百二十間分店、中東的阿拉伯聯合大公國也有四十四間店。這些店的價格如何呢？

大創表示，海外分店不像日本是「通通一〇〇」的均一價格，而是依照商品分成三階段的複數價格。

例如台灣，基本價格是四十九元新台幣（一八〇日圓），但也有其他更高的價格。

用二〇二一年一月下旬的匯率來比較各地區的基本價格：

美國是一・五美元（約一六〇日圓）、紐西蘭是三・五紐幣（約二七〇日圓）、泰國是六十泰銖（約二一〇日圓）、菲律賓是八十八披索（約一九〇日圓）、澳門是十五澳幣（約二〇〇日圓）、以色列是十新謝克爾（約三二〇日圓）……

其他國家或地區幾乎都沒有以一〇〇日圓販售的店面，也沒有與東京迪士尼樂園一樣的「廉價日本」架構。

## 全球的分店，都賣得比日本貴？

我問大創產業的管理高層為什麼會這樣。

管理高層表示：「海外跟日本的價格差異，主要有三個理由：①物流費②人事成本及薪資等當地費用③關稅及檢查費。」

例如與巴西價格的差異，幾乎都是關稅等的稅金。另外，「亞洲等新興國家的②人事費及薪資也爆漲。」

亞洲各國分店通常是選在都會區的購物中心開店，例如曼谷的薪資和人事成本就非常高。而台灣雖然關稅低，卻仍設定成一八〇日圓，也是因為「多出的八〇日圓幾乎都是在人事費成本上。」管理高層表示。

「日本的大創商品因為是國內製造的關係，省去了國際物流費，這是物價最便宜的原因吧。」或許也能聽到類似的解釋。但日本大創也有從中國進口的商品，可是仍然比中國（約一六〇日圓）的訂價便宜。

現在為了改善全球的物流成本，大創開始在馬來西亞建設大型物流據點。然而當我詢問：「物流費用省下來的話，會調降海外商品的價格嗎？」相關人員卻表示：「海外的人事費用及物價、原材料費都大幅上漲，因此不太可能有大動作的調降。」

事實上台灣不要說降價，反而還漲價了。

台灣於二〇〇九年起商品以三十九元新台幣販售，但之後的十年內人事費用和物價、原材料費等大幅上漲，因此於二〇一九年八月起改為四十九元新台幣。

為什麼海外賣的比一〇〇日圓貴，但還是賣得很好呢？

大創管理高層說明：「在海外只要產品貼有『JAPAN』的標籤，代表日本公司，等於高品質，這樣的品牌形象是賣得好的理由。」

但是，更大的理由在於「現在國外的人事成本、薪水、物價和所得都漲了。如果是二十年前，就算是高品質的東西，在新興國家訂價二〇〇日圓也賣得不好。但現在當地的購買力成長了，所以即使貴一些也買得下手。」

同樣的商業模式在海外很少見也是理由之一。

美國雖然有「一美元商店」「九〇分商店」，但是「種類不齊全，品質也比大創差很多。」居住於紐約的日本主婦這樣表示。

大創的品質和商品齊全度，連員工都覺得「這樣只賣一〇〇日圓真的沒問題嗎？」為了讓價格符合品質，日本是否也差不多該開始調漲價格了呢？然而相關人員表示：「看見二〇一七年漲價的鳥貴族（注：日本主打價格親民，不依賴散客的居酒屋）業績變差之後，高層認為『絕對不能漲價』。」

大創的商品價格是從一九七七年起統一成一〇〇日圓的。

熟稔產品跟服務價格的東京大學經濟學部長渡邊努教授表示：「四十年以來一直都是一〇〇日圓，這是件非常奇怪的事。」

## 3——迴轉壽司也是日本最便宜

提到日本的「一〇〇日圓」，也不能忘了迴轉壽司。

最近迴轉壽司又因為「便宜」而受到注目。

二〇二〇年十月，日本政府開始推動外食方案「Go To Eat」。主要是因為受到新冠疫情影響，大家減少外食，餐飲業生意受到影響，政府為了支援餐飲界而倡導此一政策。民眾只要透過指定的網站預訂餐廳，在下午三點之後的晚餐時段，一個人可以獲得相當於一〇〇〇日圓的點數。

對民眾來說，划算之處在於所有餐飲店全部適用，尤其在網路上有句很紅的話，叫「無限藏壽司」。

這句話的由來是在預約網站「EPARK」預約知名迴轉壽司店「無添藏壽司」的話，若二人訂二〇〇〇日圓的晚餐，可以拿到二人份的二〇〇〇點數，拿這二〇〇〇點數去預約下一次的二〇〇〇日圓晚餐，又可以再拿到二〇〇〇點。這樣就可以無限的以最低費用重複的吃。這種做法被稱為「無限藏壽司」，是從原本的店名「無添藏壽司」轉變來的。

住在四國的六十多歲女性表示：「除了一開始的負擔費用之外，基本是免費的。因為便宜又好吃，所以我在活動期間每週都會去。」在東京都內的藏壽司預約全都額滿，二〇二〇年十月全國各分店的業績比前一年同月份增加二六%。

## 「#無限藏壽司」的起點是客單價

「無限藏壽司」並不是該店家自己想出來的口號，而是在消費者之間突然爆紅的詞。跟其他許多餐飲店不同之處有三點。

第一點：預約系統長期跟 EPARK 配合，所以在 Go To Eat 開始時，藏壽司就能流暢的執行。

第二點：跟其他的預約網站不同，藏壽司的回饋點數最快在二小時後就可以拿到，所以可以頻繁重複操作。

第三點：藏壽司價格非常實惠。Go To Eat 若以一人一〇〇〇點來換算的話，「剛好跟一人一〇〇〇日圓的藏壽司客單價一樣。」藏壽司社長田中邦彥表示。也就是說第二次之後不用付費就能享受美食。當然這本來是國家政策支援的 Go To 事業費用，但也是因為藏壽司晚餐的客單價本來就是一〇〇〇日圓，「無限藏壽司」才會這麼熱門。

打出「一盤一〇〇日圓」口號的迴轉壽司連鎖店很多，相對的高級壽司店則被稱為「不迴轉壽司」。藏壽司包含了軍艦卷壽司在內的一百種壽司菜色，其中超過八〇％的壽司目前仍以未稅一〇〇日圓的價格提供。

之所以能用一〇〇日圓的價格來提供，原因在於徹底的降低成本。為了減少人事費用，許多連鎖壽司店引進自動捏醋飯的機器人，或是運用讓客人自行點單的平板。而藏壽司在顧客座位還設有餐盤回收口，可以自動計算碟子的數量。

而迴轉壽司店家最煩惱的就是逾期未取用的壽司，這樣報廢的食材會很多。藏壽司採用獨家的管理策略減少報廢率。雖然客人的平均停留時間約四十分鐘，但是吃最多的是一開始的十分鐘。藏壽司參考來店成人及小孩的人數、過去的販賣資訊，將吃的分量及種類、速度數字化，掌握最有效率的動線。然後藉由調整迴轉帶上壽司的分量及種類、順序，將食材報廢率降低到三％～四％，堪稱業界最強。

藏壽司在採購上也下了一番工夫。

二〇一五年起，藏壽司開始了定置網的「一船購買」模式。也就是與特定的船隻約定，將捕獲的魚不論種類、大小全部買下來。這些魚透過獨立的輸送路線運送至國產天然魚加工中心加工。如果是無法做成壽司的魚（例如小型鰤魚）就拿去加工或養殖，讓國產魚有穩定的進貨量和加工方式，而國產天然魚也可以用便宜的價格提供給消費者。藏壽司就是運用這樣的模式，跟全國一百個漁港交易，因此能用便宜的價格採購。

藏壽司的田中社長斷言：「人類都會追求價格便宜。製造者做了好東西，如果想要讓更多人吃到，就要將價格壓低。」

這樣的迴轉壽司店，在世界各地都受到了認可。

在美國金融機關服務的約翰（三十三歲）每個月會因為工作而到洛杉磯一趟，這時他都會去藏壽司的美國分店「KULA」。除了美式「加州風壽司卷」之外，他也很喜歡日式壽司。

「每一盤都有透明蓋子蓋著很衛生。咻的送到眼前的樣子（專用輸送帶）太有趣

美國聖地牙哥的「KULA」分店也是像日本一樣運用迴轉帶運送壽司。

了。科技和美食的結合非常有意思。」

他這樣形容迴轉壽司的魅力所在。

藏壽司於二〇〇九年首次進軍海外，地點是美國加州的爾灣，接著是德州。順著追求健康的潮流，在以牛排等肉類料理聞名的德州大為成功，後來於二〇二〇年九月在東海岸紐澤西州也開了分店，越過哈德遜河就是紐約。「在紐約想要吃壽司必須花上二〇〇美金」，所以藏壽司在商務客之間非常有人氣，有時候光是等待進場，就要排隊四小時。

二〇二〇年十一月，藏壽司在美國七個州共設立了二十八家分店、在台灣設立了三十一家分店。

## 美國老闆付薪水，五年增加二〇%

至於讓人在意的海外售價，美國是二．六美金~三美金（約二七〇日圓~三一〇日圓），台灣是四十元新台幣（約一四〇日圓）。果然都比日本的一〇〇日圓貴。

「當然跟當地的競爭業者比還是便宜很多。即使如此，人事費用還是太高了，所以比日本貴也是不得已的。」田中社長表示。

「美國不太吃得到魚所以便宜，米也便宜。也就是說，在美國雖然原料便宜，但人事費用和房租比日本貴非常多。」

尤其是加州的人事費用，在五到六年內漲了二〇%，因為管銷負擔過重，所以二〇一七年將美國的法人總公司遷到了德拉瓦州。

在台灣，鮭魚壽司是熱銷商品。
二〇二〇年，台灣法人於台股上市。

「十年內最低薪資竟然漲了三〇%。」田中社長說。

事實上在美國，壽司的價格也調漲了好幾次。雖然店面少，但高單價也反應在業績成長上。

台灣的店鋪，業績每個月比日本多二〇〇萬～三〇〇萬日圓。台灣跟日本相同，位於郊區的店鋪生意特別好，二〇二〇年九月台灣法人於台股上市，第一天的股價比公開價格高出九六%。調度到的資金也加速了分店擴展。藏壽司計畫三十年內達成海外四百間分店、一千五百億日圓的海外營業額；屆時預計日本國內是六百間分店、國內營業額亦為一千五百億日圓。

田中社長於一九七七年在大阪府堺市創立了外帶壽司店，於一九八四年以「一〇〇日圓的真材實料」為口號，開始做迴轉壽司的生意。詢問他為何堅持售價一直都是一〇〇日圓，他直截了當的說：「因為這幾十年來，日本一直都是物價緊縮狀態。」

「經濟上已全球化了，由於可以進口便宜的商品，所以販售價格會變低。我覺得這也是全球化的一個缺點。」

## 一〇〇日圓的迴轉壽司會有消失的一天嗎？

「如果物價全體上漲的話，迴轉壽司也會變貴。」田中社長點出這個前提，「但是在後新冠疫情時代，消費者看待價格的眼光應該會越來越嚴格。如果醫療費也漲的話，貧富差距會更大。與其說漲價，應該是降價的時代會來臨吧。」

「漲價是很簡單的，但是要做到維持品質的降價則是非常困難。」雙眼持續關注著日本通貨緊縮現象的社長，用充滿說服力的論點說道。

## 4 —— 泡沫世代的黃昏

日本經濟新聞社在連載〈廉價日本〉時，讀者們對於「日本的低廉物價」都深有同感，這裡介紹幾個例子。

● 「銅板價（五〇〇日圓）就能滿足中餐的國家，應該只有日本了。」

● 「以前不管去亞洲的哪個地方旅行，都覺得物價好便宜，現在卻是因爲日本物價便宜，所以中國或泰國的中產階級都跑來日本玩。經過二十年，感覺地位反過來了。」

● 「探訪全國大街小巷店家的電視節目，高呼著『CP值好高』『怎麼這麼便宜』，但是否該停止『便宜就是好』這樣的想法了？這跟大拍賣沒什麼兩樣吧！」

此外，曾旅居海外的人對於「日本的低廉物價」也特別有感。

● 「三十年前曾外派到美國的波士頓，當地的外食感覺特別便宜。太太和朋友一起外出吃飯時，都不看價錢就直接刷卡。沒想到現在已截然不同，我們去美國旅行時會非常在意外食的昂貴價格，想要安心吃頓飯都不行。」（六十歲男性職員）

● 「我住在歐洲的時候，幼稚園和保母的價格每年都在漲，真的受不了。幾年後回到日本，發現日本一直都是同樣的價格，讓我十分吃驚。」（四十多歲主婦）

## 「爆買」改變的事

在讀者留言中，讓人印象特別深刻的，是泡沫時期曾任商社職員的女性（五十二歲）的分享。過去她會為了購物在週末短暫停留香港、新年時飛巴黎或夏威夷；住的是五星級飯店、在高級名牌「路易威登」的巴黎總店排隊。徹底實踐了典型的「泡沫時期日本」象徵。

但她現在卻樂於跟女兒一起去平價服飾店 GU 挑選服裝；年輕時在 Mademoiselle NONNON 買的毛衣，最近利用二手交易平台 Mercari 賣掉了。雖然不是因為缺錢，「不過能多賣一〇〇日圓都會有點高興。」比起當時為了虛榮而購買的名牌，她更喜歡現在單純的生活方式。

只是，有時她仍會突然覺得有點落寞。「看到銀座百貨公司門口停著的中國觀光客遊覽車，就會想到自己以前也曾經是這樣呢。」出國旅行的奢侈，現在已經是幾年才一次的珍貴樂趣。

## 5 —— 爲什麼會這麼便宜？

接著來看看，為什麼日本的價格會這麼便宜呢？

第一生命經濟研究所的首席經濟學家永濱利廣指出：「用一句話來說，日本因為長期通貨緊縮，所以公司被價格轉嫁的機制給破壞掉了。」

產品無法漲價的話，公司就賺不了錢，公司賺不了錢，薪資就無法提升，薪資無法提升，消費力也不會上漲，結果就是物價不會調漲——這樣的惡性循環一直持續，所以日本的「購買力」很低落。

通貨緊縮持續的結果，促使其他國家沒有的「三〇〇日圓牛丼」或「一〇〇〇日圓理髮」這類便宜的速食跟理髮店登上舞台。這正是通貨緊縮下誕生的商業模式，由於價格無法調漲，就算人力持續短缺，薪水也不會漲。

「新興國家為了不要落入這樣的窘境，都會拿日本做反面教材。」永濱先生這樣告訴我們。

## 外國的大麥克怎麼這麼「貴」？

跟海外價格做比較的標竿之一，是英國經濟專業雜誌《經濟學人》每年報告的「大麥克指數」。

美國麥當勞的漢堡「大麥克」在全世界都以同樣的品質販售，用它的價格來比較各國的購買力，可以看出匯率的水準，這就是所謂的「大麥克指數」。本來同樣品質的商品在各地都應該賣相同的價格，但實際上卻會因為該國家的原物料費或店員薪資等因素影響單價，造成了各國的價格差異。藉由這樣比較漢堡價格的理論，就可以觀察到各個國家的綜合購買能力。

《經濟學人》指出，二〇二一年一月時，日本賣三九〇日圓的大麥克，在美國是五．六六美金。假設同樣東西的價格在世界各地都一樣的話，換算成日圓應該是

圖表 1-2 日圓被過於低估

| | | 美國的價格（美金） | 日本的價格（日圓） | 以此價差爲基礎換算之匯率 | 實際上的名義匯率 | 日圓的評價 |
|---|---|---|---|---|---|---|
| 大麥克指數 | 二〇二一年 | 5.66 | 390 | 1 美元 = 68.9 日圓 | 1 美元 = 104.3 日圓 | 低估 33.9% |
| | 2015 年 | 4.79 | 370 | 1 美元 = 77.24 日圓 | 1 美元 = 117.77 日圓 | 低估 34.4% |
| | 2010 年 | 3.58 | 320 | 1 美元 = 89.39 日圓 | 1 美元 = 91.54 日圓 | 低估 2.4% |
| | 2000 年 | 2.51 | 294 | 1 美元 = 117.13 日圓 | 1 美元 = 106 日圓 | 高估 10.5% |

**出處** 《經濟學人》
注 二〇〇〇年爲四月，其他則爲一月

一美元為六八・九〇日圓才對。

然而，依照實際的市場匯率是一美元為一〇四日圓左右來計算的話，可以得出日圓被低估了約三四％。也就是說，對於持有日圓的人而言，以美金販售的大麥克感覺比較貴。

迪士尼樂園或大創這類實際的服務或商品的價格在國內外也有超過二倍的差額，大大超過了貨幣被低估的各種推算，光用匯率是無法解釋原因的。

第一生命經濟研究所的永濱強調「現在的價差處於用匯率無法解釋的

狀況。」並進一步指出：「長期通貨緊縮影響物價停滯，成長力衰退使得國民所得低迷，同時造成日本的購買力低落。跟他國相比，日本個別商品或服務的便宜價格變得非常明顯。」

也就是說，在根本上是因為薪資停滯，造成工作人口的消費意願低落，導致物價持續低迷，引發了景氣不佳這樣的「負循環」，使日本的購買力跌落谷底。

## 問題不在匯率

當提到「日本的商品跟服務比外國便宜」時，很多人應該會想到：「原因在於匯率」吧。然而研究通膨目標的美國哥倫比亞大學伊藤隆敏教授批評：「原因並不是匯率，這是錯誤的。」

日本的商品跟服務比海外價格昂貴或便宜，是由「國內物價」「國外物價」「名義匯率」來決定的。

接著介紹一下伊藤教授提出的概念。

假如國內物價跟國外物價各漲二%，國內比國外便宜的理由可以解釋為「日幣貶值、日圓走弱」。但是事實上，在約二十年前的二〇〇〇年二月底跟二〇二〇年的二月底，日圓和美金的匯率同樣為約一美金等於一一〇日圓（注：二〇二一年一月為一〇三日圓左右）。

這二十年來，日本的物價幾乎沒有變，平均通膨率是零。另一方面，美國的物價在二十年內幾乎每年都漲二%。二〇二〇年的物價水準比二〇〇〇年成長了五成。因此日本人如果隔了二十年再去美國，就會覺得「物價貴了五成」，相對的美國人隔了二十年再去日本，就會覺得比以前便宜許多。這是之後第四章會介紹的赴日外國觀光客增加的原因。

因此，「日本的購買力」下跌並不是因為匯率（日幣貶值）的關係。可以說是二十年來通貨緊縮的緣故（注：然而若精確的比較二〇一〇年及二〇二〇年，則是有受到日幣貶值的影響）。

「日本的購買力」低落是因為日本的消費者非常排斥通膨，所以公司企業只要漲價就會賣不好。追究其原因，是出在消費者的所得沒有成長。美國的話，雖然物價漲了二％，但薪水也漲了三％。

這種國內物價、國外物價、名義匯率並不是只有跟美國比較，還包含了主要貿易對象國，這種概念稱為「實質有效匯率」。「實質有效匯率」能夠正確顯示日圓這個貨幣的購買力。

來看看日圓的實質有效匯率：二〇二〇年十一月的數字為高峰期一九九五年四月的一半以下，跟二十年前（二〇〇〇年十一月）比減少了四〇％。由這些資訊就可以判斷這二十五年內日本的購買力少了五成，二十年內少了四成。

「這種購買力的下跌，可以說是日本的凋零。」伊藤教授做出總結。

## 日本的購買力是美國的七〇%以下

這裡說的「購買力」指的是能夠購買各種商品或服務的能力。

從國際化來看的話，代表該國一單位貨幣能夠購買的數量，個人購買力可以藉由實質薪資等變化計算出來。新興國家隨著高度經濟成長，雇用人口或薪資增加所以中產階級變多，個人消費支出旺盛，購買力也跟著提升。

至於以相同商品在世界各地都應該是同樣價格的「一物一價法則」為基礎的「購買力平價（注：Purchasing power parity，簡稱 PPP）」，可以用大麥克指數的漢堡等商品來計算、或是使用消費者物價等指數來計算。某個產品在日本是賣一二〇日圓、美國賣一美元時，只要一美元等於一二〇日圓，購買力平價就成立了。

購買力平價就是把考慮到物價水準的各國貨幣實質購買力透過匯率轉換後顯示出的係數，依據經濟合作暨發展組織（OECD）資料發表，例如二〇一九年一美元等於一〇〇・六四日圓。

**圖表 1-3 美日間的購買力差異越拉越大**

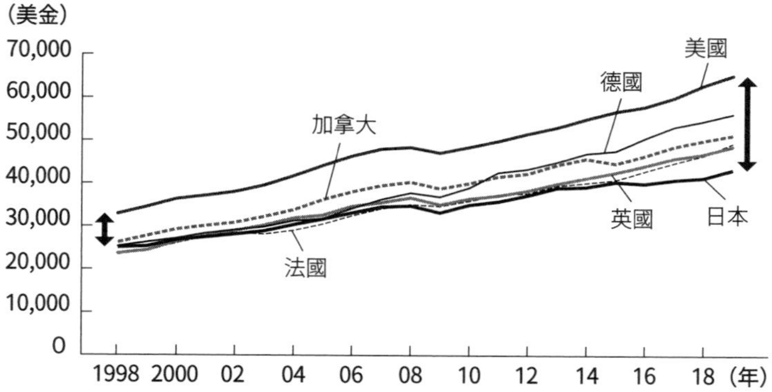


**出處**　世界銀行

注　以購買力平價為基礎的每人國內生產毛額（GDP）

將購買力進行國際化的比較時，也會使用以每一個人的購買力平價為基礎的國內生產毛額（GDP）。簡單來說就是這個國家的生活水準。

世界銀行的資料顯示，一九九〇年日本的購買力約為一萬九六〇〇美元，略低於美國（約二萬三九〇〇美元）。而到了二〇一九年時，日本的購買力約為四萬三二〇〇美元，跟美國（約六萬五三〇〇美元）有了大幅的差距。日本的購買力在這三十年間成長約二．二倍，美國則是二．七倍，而泰國則像是覺醒一般，達到了四．五倍。

如果日本人的所得能像美國人一樣大幅增加，那麼即使東京迪士尼的入場費漲價也不會讓人覺得負擔太大。

大創在泰國的價格戰略可以成立，也是類似的機制。以前泰國人均所得還很低時，雜貨價格一旦超過二〇〇日圓就賣不好，但這二十年來泰國人均的所得大幅增加，這也代表覺得「二一〇日圓的大創商品值得購買」的中產階級市場急速擴大中。

## 6 —— 當超市天天都便宜

離日本消費者最近的下游廠商，也持續面臨著物價緊縮。

我們進行了二〇〇〇年之後商品平均販賣價格走勢的研究。利用計算全國超過四百家超市販賣資訊的「日經 POS 情報」來調查食品或日用品等約一七八〇種產品（非單獨產品，而是用「奶油」這種類別的分法）。POS是「Point Of Sales」（販賣時點情報系統）的簡稱，是利用讀取販賣產品時的條碼，將銷售情報應用於店鋪或連鎖分店來管理的系統。零售店可以把這些資料活用在銷售管理或業績預測等方面。

比較二〇一九年以及二〇二〇年的一七八〇種品項價格，有九〇三項是價格下跌的，比例大約占了一半。

值得注意的是，價格下跌的品項包括飲料跟日常用品等特價時最受歡迎的產品。例如二〇一九年的「咖哩罐頭」跟二〇〇〇年相比，價格降了七五％、約一一三日圓；「酒精碳酸飲料」降價七四％、約一〇七日圓；「洗衣機、洗衣槽清潔劑」降價五二％、為二〇六日圓。「保特瓶裝果汁碳酸飲料」降價四成、約九〇日圓。「即沖紅茶」降價三七％、約二五四日圓。「箱裝衛生紙」降價十四％、約二三六日圓。「醃山菜」「即食蛋花湯」「即食湯包」等約降價一成左右。

當然因為隨著家族人口數的減少，所以也有包裝變小而便宜的例子，但整體將

圖表 1-4 價格競爭使漲價及降價的波浪不斷起伏

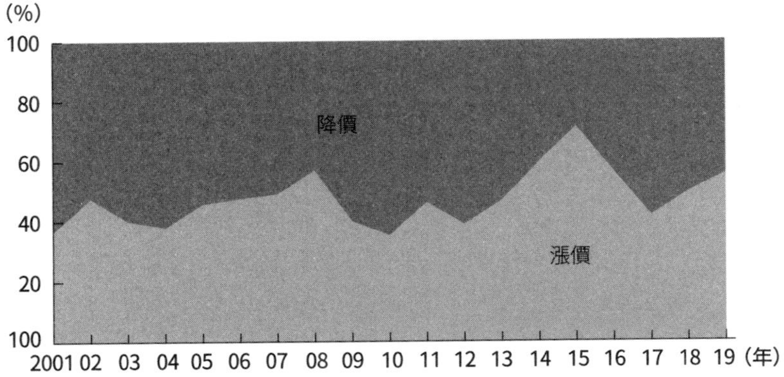


注 將日經 POS 情報中約一七八〇種品項商品的店面價格（未稅）波動比較。與前年相比，漲價品項跟降價品項的比例分析。

近半數降價的趨勢不容忽視。這二十年來市場急速擴大的寵物食品也降了約六到九成，價格競爭陷入白熱化。

我們也調查了二〇〇一年至二〇一九年為止，每一年跟前一年比較的數據。

消費稅從五％漲到八％的二〇一四年，跟前一年相比，漲價的品項多於降低的品項。原材料價格高漲的二〇一五年，漲價的品項占了七成。然而，二〇一七年卻再度逆轉。二〇一九年也是漲價的較多，但長期看來，降價多於漲價的年度是比較多的。

過去超市在週末大幅降價的「大特價」讓業績提升，然而人手不足卻削弱了這樣的傳統。取而代之的是「Every Day Low Price」（EDLP，天天都便宜）。EDLP減少了特價傳單這類促銷費，讓成本控管更加容易。

而與電商之間的競爭，也讓零售店陷入苦戰。

店面比起網路販售多了人事費用，而物流成本也在持續上漲。但是消費者對低價的強烈執念，讓這些成本無法反映到店面價格上，只能由公司自行吸收。而價格低廉但利潤高的自有品牌產品增加，也是價格調降的理由之一。

自有品牌是指超商自行企劃、以自家品牌包裝販賣的商品。daiei是日本自有品牌的創始者，打著「破壞價格」的口號，讓零售店得以主導價格。零售店因為向製造廠商大量下單，所以在價格上能設定得比知名品牌更便宜。

觀察統計資料可以發現，日本總務省的消費者物價指數（CPI，生鮮食品除外）在同樣期間內的數值雖然提升了幾個百分點，但反應到指數中的特價或自有品牌只占了一部分。相形之下，日經POS因為包含了特價跟自有品牌，所以更貼近消費者實際情況的價格水準。

## 爲何《紐約時報》會報導日本的冰棒？

產品價格調降是因為消費者對低價有著強烈執著，因此企業很怕漲價。

我們來介紹一下某支電視廣告。

穿著西裝的中老年人及穿著紅藍色運動外套的年輕人，共一百多人並排在類似工廠的建築物前，大家面向前方嚴肅的站著。

背景音樂是一九七〇年代初期的民謠歌手高田渡的「漲價」。隨著最後一句歌聲，歌詞為「下定決心要漲價」響起時，群眾深深的鞠躬，螢幕上同步出現如下字幕：

「二十五年來　雖然一直努力維持

六〇↓七〇」

接著出現的是赤城乳業的冰棒「嘎哩嘎哩君」。

這是嘎哩嘎哩君二〇一六年的廣告，藉由這樣的影像，告訴消費者：二十五年來公司要進行第一次漲價，從六〇日圓漲到七〇日圓。乍看之下，這是個道歉廣告，讓人印象非常深刻。這樣的坦率在網路上被接受了，當時因為廣告效果，販售數量反而成長了一成。

讓人訝異的是，後來美國的知名報紙《紐約時報》用了一整個版面來報導這支廣告及大眾反應。日本因為景氣低迷，物價難以提升，所以企業的漲價「成了重大新聞」，連《紐約時報》也以特殊現象的角度報導了此事。當時雖然實施了安倍經濟學（注：前日本首相安倍晉三爲了挽救多年的經濟困境，提出了一系列政策，設立通貨膨脹目標制度，推行積極的貨幣寬鬆政策），但從這支道歉廣告可以明顯看出，漲價的行為並未反應在活躍經濟跟強而有力的消費活動上。這件事被視為特別罕見的消息來報導，也可以窺見日本與海外的認知不同。

## 「漲價之春」

不止赤城乳業，事實上食品或日常用品漲價時，廠商跟零售業都會展開激烈的交涉。

二〇一五年二月，原物料高漲、各家產品的價格紛紛調整。

當時被稱為「漲價之春」，筆者跑的是食品廠商線。某家大公司與零售商、批發商等主要往來廠商，一共約四百人，召開了新產品發表會。

經營高層說明將從四月開始，出貨價格將進行調漲。主要的加工品項會調漲數十日圓。

社長認真說道：「一直以來我們都在拼命壓低成本，但原物料價格的上漲已經超過公司努力的範圍了，希望大家能夠理解。」

然而零售業的採購無法苟同。

「我能理解狀況，但是消費稅增加後，我們的生意也很難做，能不能請你們再撐一下。」

「如果一定要調整販售價格的話，我們要考慮增加自家品牌的架位了。」

對廠商而言，漲價若跟賣不好連結在一起，就是失敗。

還有一些泫然欲泣的廠商表示：「出貨價格調漲的話，我們這裡的促銷費用也會增加，拜託請用現行價格賣給我們。」二〇一五年乳製品或食用油等各類品項的販售價格同時調漲，因此這一類的商業談判隨處可見。

當時，可果美的主力商品番茄醬，也是從一九九〇年七月之後，二十五年來首次漲價。

以新興國家為重心的全球需求增加，番茄的價格飛漲，加工品原料的番茄汁在二〇一二年至二〇一四年間漲了四成以上。當時詢問業界相關人員感想時，他們表示：「想再自行吸收成本是非常困難的，但不知消費者能否理解……」

我對他們苦惱的表情印象非常深刻。雖然是時隔二十五年的漲價，但對方透露：「公司內部負責交涉番茄醬漲價的業務很少，關於這一點我們也很不安。」

某知名咖哩A公司也因油脂和小麥粉價格居高不下而決定漲價。二〇〇七年到二〇〇八年時，各品牌也紛紛調漲出貨價格，不過競爭對手B公司採取的是容量削減但價格不變，因此A煩惱的說：「當時我們的擺放架位被B公司搶走了。」在那之後，每一家公司都會盡量延遲公布漲價消息。

要漲多少、要在什麼樣的時機下公布呢？

對公司而言，跟經營戰略直接結合的漲價資訊是最高機密，在公布之前跟零售商的交涉是不可或缺的。因此當時我就算想要採訪也特別困難。

事實上，日本在過去也有好幾次的「漲價之春」，但這裡的「漲價」指的是廠商公布的調漲出貨價格。如同剛才日經POS所見，有很多價格並沒有反應在販賣價格上。

用日經的報導查詢資料庫的話，二〇〇〇年之後以「漲價之春」為標題的報導內容告訴我們，自二〇一三年起幾乎每年從上游到下游都有漲價。因為這只是對外公布的資料，而食品等以消費者為大宗的產品很多沒有反應在店面販售價格上，所以大家可能不太有實際感受。

- 二〇〇八年（牛奶、醬油、啤酒等）
- 二〇一三年（衛生紙、塑膠袋等）
- 二〇一四年（牛丼等）
- 二〇一五年（牛奶、即溶咖啡、番茄醬、食用油、威士忌、冰品等）
- 二〇一六年（泡麵等。有部分降價）
- 二〇一七年（印刷用紙或輪胎等）

●二〇一八年（納豆、啤酒等）

●二〇一九年（冰品、大罐保特瓶飲料、冷凍食品等）

日幣貶值會造成原物料高漲，眾多商品因而漲價的年分是二〇一五年。二〇一九年則是因為人手不足造成物流費昂貴，是繼二〇一五年之後的漲價。

那麼，怎麼樣的產品才會讓人覺得「這個真的變貴了」呢？

## 要改善營收，還是讓顧客變少？

一九九〇年代邁向通貨緊縮之後，廠商和零售商都對顧客的購買欲降低感到憂心，因此遲遲不肯漲價。精通物價問題的東京大學渡邊努教授批評道：「自從二〇〇八年金融風暴之後，進口原物料就變得很貴，很多商品是在減少分量的狀態下維持原價，實際上也等於是漲價了。」

這就是「變相漲價」。

根據渡邊教授的調查，二〇〇八年實際上有一五〇〇種品項變相漲價。二〇一二年底開始的安倍經濟學造成日圓貶值，外國進口的穀物或小麥等原物料漲價時也看得到這樣的傾向。另一方面，初期大家十分看好安倍經濟學，所以也有很多企業單純因此決定漲價。例如知名飲食店鳥貴族或經營優衣庫的迅銷集團就是例子之一。

只不過當時的漲價決策都造成了客人流失。

鳥貴族於二〇一七年調漲價格約六%，客人因而變少。迅銷集團也因為受到日圓貶值和原物料價格高漲的影響，柳井正會長兼社長「為了保持品質」，決定將二〇一四年的秋冬新品調漲約五%、二〇一五年有部分商品也漲了約一〇%左右。但因為店面的來客數比前年少，所以後來又調整了價格策略。

但也有維持漲價來客數卻不變的公司，那就是 QB 控股的剪髮專門店「QB HOUSE」。

二〇一九年 QB HOUSE 的剪髮費用從一〇八〇日圓（含稅）調漲到一二〇〇日圓，但客戶的流失沒有想像中大。據稱是因為同樣商業模式的競爭對手或可取代的店家很少。

另一方面，食品廠商或餐飲業等精銳聚集的業界則難以訴求附加價值，漲價是改善營收和流失客人的雙面刃。某間以價格低廉聞名的日用品連鎖店高層表示：「鳥貴族和迅銷集團漲價失敗了，所以許多產業對漲價有著根深柢固的恐懼。」

東京大學的渡邊教授在調查變相漲價之際，詢問了企業們對於縮小產品尺寸的策略抱持著什麼樣的想法。

某家受到知名超商委託開發及製造飯糰的工廠，詳細的說明負責人如何減少米飯的量以削減成本，以及為此如何改良設備投資及調整包裝用紙尺寸所耗費的苦心。但負責人最後的牢騷讓人難忘。

「我們這些研發者在下班之後還不斷加班，一次次測試小型飯糰的作法，但是消費者完全不領情，反而在網路上指責我們『竟然偷工減料』。」

對於這樣的現象，渡邊教授當時這麼想：「企業和員工都在做得不到回報的事，真是可悲的日本。」

## 7 —— 讀者心目中的「廉價日本」

那麼實際上，在物價難以提升的日本，讀者跟消費者對低價的期望有多高呢？在報上連載時，雖然可以收到網路及社群網站等的迴響，但我們還是發出了問卷來確認更詳細的意見。

這份問卷是於二〇二一年一月委託 Insight Tech 調查公司（東京新宿）協助於網路上實施，得到全國男女六七四八人的回答。回答者年齡層以三十歲到三十九歲

（三五%）占最多，其次為四十歲至四十九歲（二七%）。上班族占三八%、專業主夫或主婦占二三%、打工族占十七%，年收以三〇〇萬至四〇〇萬日圓占最多（十四%），二〇〇萬至六〇〇萬占了五二%。

## 星巴克的那堤，到底貴不貴？

我們拿身邊常見的、容易跟國外價格做比較的十九種產品的含稅價格，詢問作答者覺得「貴」或「便宜」，例如麥當勞的漢堡或美國蘋果公司的智慧型手機iPhone。

結果有約八成、共十六品項的產品，認為「貴」的人比「便宜」的人多。有三個品項回答「便宜」的多於「貴」，不到二〇%。其中最多人回答「貴」的，是東京迪士尼樂園的門票。一位神奈川縣三十多歲的女性表示「裡面的餐食也很貴，所以沒辦法常去」；愛媛縣三十多歲的女性說「雖然很想帶小孩去，但太貴了所以

圖表 1-5 日本感覺「貴」的東西有很多——消費者調查①

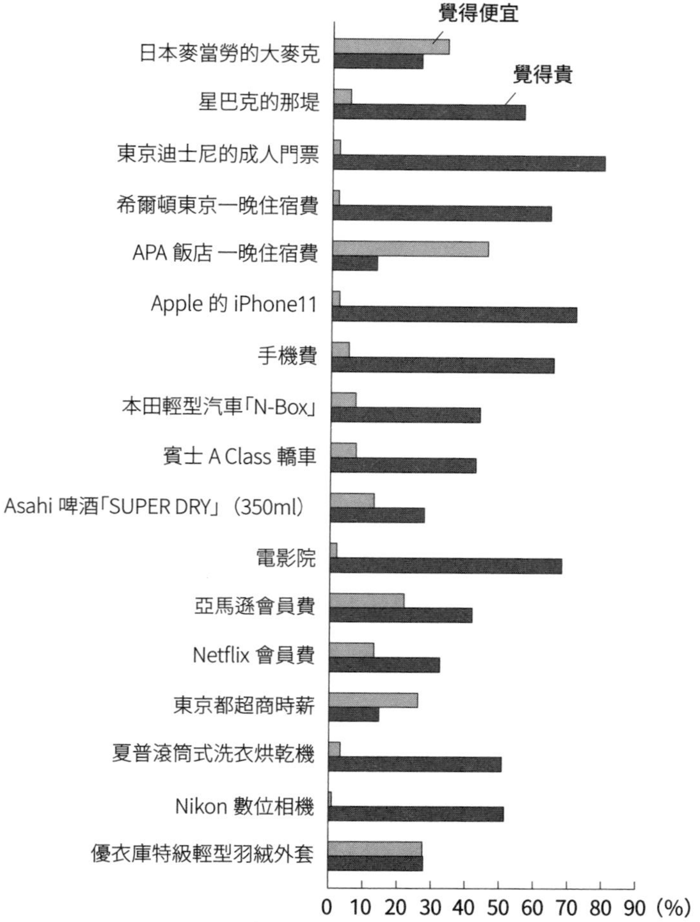


**出處** 委託 Insight Tech 於二〇二一年一月協助實施之問卷調查
注 節錄部分內容

沒辦法」；福岡五十多歲的女性公務員則說「北九州市的 SPACE WORLD 倒了，身為當地居民感到惋惜，所以想要支持一下遊樂園，但迪士尼真的太貴了」，如此闡明自己複雜的心境。

亞馬遜日本（東京目黑）所提供的免費影片、音樂播放服務「Prime 會員」的年費（四九〇〇日圓）有四二％覺得「貴」，二二％覺得「便宜」。另外還有人氣很高的單項訂閱服務，有人回答「加入會員還是有用不到的服務，所以個別訂閱比較便宜」。（愛知縣三十多歲男性）

星巴克的那堤（中杯，內用約四二〇日圓）有五六％回答「貴」，回答「便宜」的只有五％。

我詢問東京都星巴克店內一位點那堤的三十多歲女性，她苦笑著回答：「跟超商的一〇〇日圓咖啡相比，這裡的咖啡我覺得**貴了點**。」但想在店內享受安靜氣氛或工作時，還是想去星巴克。「每天都去的話，花費會太多，所以我會選擇其他便宜的咖啡連鎖店。星巴克是偶爾想要奢侈一下時去的。」

但是這三種產品，跟全球比較之下，日本都是相對便宜的。迪士尼樂園如前所述，星巴克的那堤，新加坡約四七〇日圓，比日本還貴。而亞馬遜 Prime 會員第二章會再詳述。

這次的調查浮現出的是日本消費者渴望低價的心態。

僅次於迪士尼樂園回答「貴」的是「電影院」（成人一人一九〇〇日圓）。有六八％覺得「貴」，覺得便宜的僅有二％。

美國的電影票價約一〇〇〇日圓至一四〇〇日圓，因此日本的價格似乎真的比較貴。在印度，座椅可以移動或是飄出香味的 4DX 戲院費用是三八〇盧布（六五〇日圓），十分便宜。

日本由於設備投入及人事費用等成本較高，所以二〇一九年六月之後許多知名電影院將票價調漲一〇〇日圓，變成一九〇〇日圓。一般社團法人日本電影製作者聯盟表示，每一人的平均入場費在二〇二〇年為一三五〇日圓，是有史以來最高的。比二〇〇九年的（一二一七日圓）貴一三三日圓。

覺得法國愛瑪仕的包包「Lindy」（約一二〇萬日圓）、Nikon的數位相機（約十四萬日圓）「便宜」的人不到一％。

## 飲料暢飲的方案二九八〇日圓，六三％覺得「剛好」

本調查還詢問了受訪者「心目中價格剛好」的生活常見產品是什麼。

很多人回答中碗牛丼「四〇〇日圓」（五四％）和「三五〇日圓」（四五％），跟現在的三九〇日圓相同水準。拉麵是「七九〇日圓」（五九％）和「九〇〇日圓」（三九％）。東京都內超過一〇〇〇日圓的店很多，但「心目中覺得剛好的價格」比實際要便宜一些。東京迪士尼樂園的成人一日券在二〇二〇年漲價前的「七五〇〇日圓」有八七％、「九〇〇〇日圓」是十二％。居酒屋連鎖店附加飲料喝到飽的方案，以「二九八〇日圓」（六三％）最多，「五〇〇〇日圓」（三七％）也占了一定數量。

圖表 1-6 消費者抱持強烈的低價想法——消費者調查②

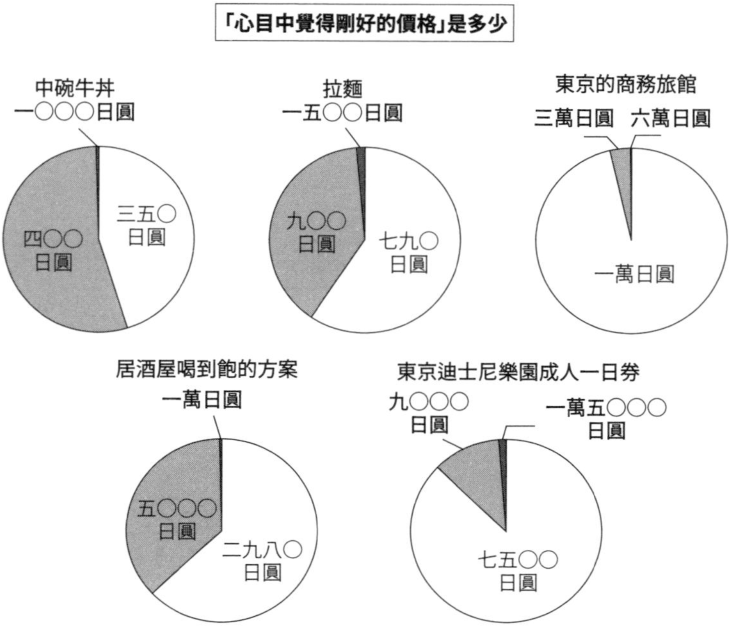


出處　委託 Insight Tech 於二〇二一年一月協助實施之問卷調查

最極端的差距是商務旅館在東京都內的一晚住宿費用，「一萬日圓」占了壓倒性多數的九六％，「三萬日圓」僅三％。

在開放式問答中，詢問了消費者覺得哪些產品或服務便宜，也就是「還可以再貴一點」的品項。亦即讀者認為符合「廉價日本」形象的商品。由於都是複數回答，所以也會將代表的意見附上受訪者資訊。

- 「有害健康的菸酒」（神奈川縣三十多歲主婦）
- 「中碗牛丼」（崎阜縣十多歲女性）
- 「傳統工藝品」（埼玉縣四十多歲打工男性）
- 「居酒屋喝到飽的方案」（東京都二十多歲男學生）
- 「豆腐、蒟蒻之類的手工食品」（廣島縣二十多歲女學生）
- 「宅配費用」（東京都三十多歲打工女性）

- 「家庭餐廳的平日午餐」（大阪府五十多歲打工女性）
- 「農產品或酪農製品等生產者利潤很少的食物。尤其像二〇日圓之類的豆芽，眞的讓人很擔心這些農家撐得下去嗎？」（兵庫縣五十多歲男性上班族）
- 「一〇〇元商店」（栃木縣三十多歲女性）
- 「超市熟食部門」（大阪府七十多歲無業男性）
- 「社會長照服務」（神奈川縣五十多歲女性）
- 「罐裝咖啡」（大阪府三十多歲男性上班族）
- 「銅板價（五〇〇日圓以下）午餐」（山口縣三十多歲上班族）
- 「一〇〇〇元剪髮」（京都府十多歲男學生）

這些都是跟生活息息相關的東西或服務，而且大家也認可的答案。

另外回答「薪資」「薪水」「時薪」的約有二千人。

事實上在新冠肺炎疫情擴大初期的二〇二〇年三月也調查了相同的品項，當時有二二％的人回答「薪資」，但這次卻增加到三〇％，由此可見大家對收入的關心程度明顯變高了。因此可以推測出新冠疫情嚴峻時，經濟活動也受到限制，許多的人收入也收到影響。

不只自己的所得，大家也很關心其他職業的收入。

●超商的時薪

「超商現在是社會的基礎，跟數年前相比，超商現在還有宅配跟繳費的服務，業務範圍非常廣泛，付款方式也非常多元化，店員要記的東西很多，時薪卻是最低時薪，眞的很划不來。」（千葉縣二十多歲的上班族女性）

●長照人員或托嬰人員

「承受生命這樣重責大任的辛苦工作，薪水卻那麼低。」（四十多歲打工女性）

「沒有保育人員就沒有雙薪家庭。」（三十多歲的上班族女性）

「薪資再這樣低，就沒人要做了。」（五十多歲上班族女性）

## ●移工

「若是像新聞報導上那樣待遇那麼差的話，總有一天會沒人來日本的。」（四十多歲上班族男性）

最多人回答的是新冠疫情肆虐之後，醫療相關人員的低薪。回答「護理師之類醫療從業人員」的比過去的調查大幅提高。

「希望也能替辛苦工作的醫療從業人員加薪。」（愛知縣四十多歲上班族女性）

「沒有這些重要的工作者，社會就無法順利運作。希望給他們應當的報酬。」（山梨縣五十多歲上班族男性）

此外，對於無酬勞或免費服務提出質疑的人也很多。

除了「建築方面的免費諮詢」（宮城縣三十多歲女性）之外，還有人認為超商不應免費提供免洗筷跟紙巾。

而餐廳等等的服務業，也有「在獲得良好的服務之後，應該要付出值得此價格的金額才對」（五十多歲無業女性）這樣的意見。日本人似乎不願將「服務」與免費聯想在一起呢。

## 「便宜」眞的是好事嗎？

另一方面，也有人覺得對於貴的東西或服務可以有漲價的餘地。以東京迪士尼樂園為例，有人認為「聽說很多員工都只是打工的，為了讓他們能更有待客精神，很希望他們能調薪或是增加雇用的機會」（東京都四十多歲上班族男性）、「如果入園者減半的話薪水要給二倍」（埼玉縣六十多歲上班族男性）。

一九九〇年代初期泡沫經濟崩壞後，日本經歷了很長的通貨緊縮。

圖表 1-7 疫情讓歡迎便宜物價的回答微增——消費者調查③

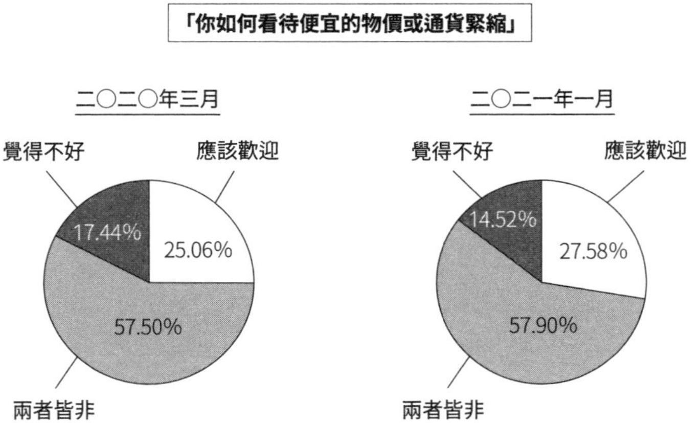


**出處**　委託 Insight Tech 協助實施之問卷調查

在調查中詢問了受訪者對於通貨緊縮及現在低廉物價的看法，有二八％表示「歡迎」，「覺得不好」的只有十五％。回答「兩者皆非」的有五八％，占最多。

歡迎的理由以「因為薪水很低」得到壓倒性的比例，回答「因為疫情所以收入變少」（東京都三十多歲男性）的人也很受注目。

回答「覺得不好」的埼玉縣二十多歲上班族女性表示：「自己雖然覺得物價便宜很好，但便宜這件事也會造成不便。像是外國觀光客很多的觀光景點就有這種感覺。」

此外，京都府二十多歲的上班族女性也直率的回答：「就算價格調降，日本仍能保持一定的服務跟品質，這一點我覺得很棒，但是這種肉眼看不見的技術卻沒有反映在價格上。雖然我覺得這樣是不好的，但看到自己的收入，又覺得物價便宜幫了自己大忙，因此我沒辦法大聲的說出『我覺得便宜不好』。」

也就是說，考慮到生產者的利益會希望調整價格，但想到自己的收入水準又覺得漲價會造成不便。這應該是大部分日本人都同意的吧！

在持續人手不足、疫情導致經濟活動受限的情況下，企業今後要如何維持現今的服務水準可能會是件難事。企業需要調整成消費者能接受的價格，另一方面，消費者也應該重新審思符合價值的代價。

# 找解方——

1. **許斐潤** 野村證券金融經濟研究所・所長
2. **渡邊努** 東京大學・教授（經濟學部長）
3. **田中邦彥** 藏壽司・社長

# 1

## 「再這樣下去，日本未來也不會改變」

**許斐潤**

野村證券金融經濟研究所・所長

Konomi Jun

一九八五年早稻田大學政經學部畢、野村綜合研究所企業調查部、曾外派德國。現職：二〇一九年至今。日本證券分析協會副會長。

日本企業的「低價」「以金額衡量的低生產力」和「低利潤」這三點都是一樣的。日本企業原本應該漲價，但卻沒有可漲價的本錢，消費者也不了解這一點，更甚者，公司還奉「便宜銷售」為圭臬。如果這種精神論再繼續下去，日本今後也不會有所改變。

無法漲價的理由有二點。

第一點是日本的解雇規定十分嚴格、公司無法擅自解雇員工，所以日本企業很容易將「保障員工的人事費用」作為第一目標。因此就算產品價格調降，也會想要確保有絕對的利潤。像美國那樣隨著需求靈活調整員工的事，是日本企業絕對不想發生的。

然而不降價就賣不好這件事，從反面來看，也代表該企業的這項產品（在尚未降價前）是不被社會需要的。被不需要的企業綁住人才是一個問題、其實應該要釋放員工才對。

日本文化的想法認為「二十年來一直在車床工作的人，無法去老人之家當看護」，但是勞工也必須因應世界需求來改變工作型態才對。「勞工也要從頭學習，隨著各種不同需求去做被需要的工作才是幸福的」這是美國式的思想。

安倍經濟學修改了解雇的規範而引起爭議，最終不了了之。只是中小企業在窮途末路時仍會進行人事調整。修改法規，讓公司可以靈活的運用金錢等方式來解決人事異動，如此既能提升經營資源的流動性，也可以讓勞工產生提升自我技能的意願。

第二點是同質競爭。

日本在戰後一直持續著「為了存活，只能用價格來競爭」的狀況。

跟強調「獨一無二」的特性來一決勝負的歐美企業不同，日本企業無法在品質、性能或領域的獨特性上對決，所以傾向用「低價」來一決雌雄。

這種傾向可能會出現在財閥的企業集團當中，大家都往同類化的產業發展。各集團從汽車到電子機器、食品、飲料等全部都備齊了。只有一億人口的國家，無視市場規模或需要的成長性，卻有許多的產業以企業集團的規模存在，導致過度的競爭造成的價格割喉戰一直反覆上演。像是金融機構提供的其實是相同的服務，但在經濟上卻無意義的以都道府縣作為區分。

最近還有主打無現金交易的電子支付「XX Pay」正持續增加中，以附加價值定勝負的企業實在太少了。

日本人雖以喜好安定聞名，但在我看來，這不是「安定」而是「固定」。所謂的安定是不論上升或下降都保持同樣水準，但日本人無論發生什麼都被束縛在同樣場所。也就是說日本企業以固定為前提設定成本，所以視確保業績為重點，一味的想要賣出更多東西，最後只剩降價這條路可走。



許斐潤

——野村證券金融經濟研究所・所長

# 2 「若物價提升二％，薪資就要提升三％。這種政策是必須的」

**渡邊努**

東京大學‧教授（經濟學部長）
Watanabe Tsutomu

一九八二年東京大學經濟系畢業。曾任職日本銀行（央行）。哈佛大學博士（經濟學），專業為宏觀經濟學。

翻開日本的物價歷史，經由各種品項價格計算出的消費者物價指數（CPI）是從戰後開始統計的，由於米的價格在戰前並不是世界共通，所以想跟海外比較有點困難。一九六〇年代的戰後晚期，日本物價較其他國家便宜，是因為此時仍屬發展中國家。一九七〇年代由於石油衝擊，物價開始飛漲，一九八〇年代則有著「東京旅館很貴」這樣的內外價格差異。

然而在泡沫經濟崩壞後數年，大約從一九九五年左右開始，很多商品的價格不再變動了。跟前一年相比，價格幾乎沒有變動的「〇％」品項占據了絕大多數的

圖表 1-8 日本的通貨膨脹率低迷

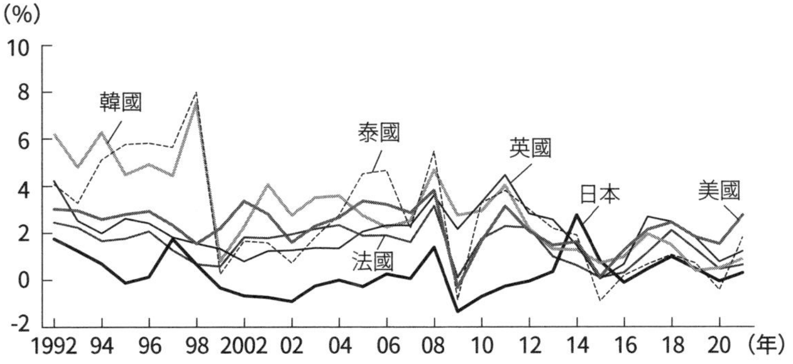


出處　IMF

注　消費者物價指數年平均值之變化率。二〇一九年之後爲預估

CPI，而在同一時期的美國，則是以漲了二%至三%的品項最多。也就是說，國外公司漲價是理所當然，但日本的商品價格完全不變則是再常見不過。

當時由於泡沫經濟崩壞，處於不景氣中，原物料費跟人事費用如果轉嫁到價格上的話，會導致顧客流失，所以考慮到公司行銷戰略的一環，可以理解價格為什麼不會變動。然而問題在於，到了景氣漸漸好轉的二〇〇〇年之後，這種情況仍然持續。因而造成了沒有降價只是維持價格不變的日本式通貨緊縮。雖然也有過企業的業績很好，應該可以調薪的時機，但如果人事費用增加的話，商品價格也必須跟著變動，所以最後薪水沒有調漲。薪資跟物價哪個要先調漲是「雞生蛋、蛋生雞」的問題，但由於日本企業選擇以「價格不動」為優先，因此薪水無法調漲，這就是日本的現況。

安倍經濟學雖然將目標訂在提升物價二％，但由於消費者排斥物價上漲，所以政府的目標應該改成提升薪資，以調漲三％薪水為目標的政策才對。光是把目標從產品價格換成薪資，民眾的心態也會改變。只要讓人覺得「我調薪了」，大家就比較容易接受漲價的事實。

或許有很多人會說「只要便宜就感覺幸福」，但這是錯的。從公司觀點來看，如果想到了一個美味的巧克力開發企畫，但由於產品開發成本的關係，所以會因為「就算研發出再好吃的巧克力，但如果價格不調漲就會賠本」而放棄將它商品化。如果是國外或高度經濟成長期時的日本，企業會因競爭而積極開發新商品，並訂定出符合商品價值的訂價，藉此在市場上取勝。但現在卻把注意力放在「如何把包裝弄小一點」這種偷工減料的研究，危害企業的挑戰心。

# 3

## 「後疫情時代，會讓消費者對低價的期望更加強烈」

### 田中邦彥

藏壽司・社長

Tanaka Kunihiko

一九五一年生。一九七三年桃山學院大學經濟系畢、進入 Tamanoi 醋公司。一九七七年創立壽司店。一九八四年加入迴轉壽司行業。一九八五年成立 KURA 股份有限公司（現藏壽司）。興趣是釣魚。岡山縣人。

喜歡「便宜」的不是只有日本，而是全世界共同的心理。

現在設有藏壽司分店的美國或台灣，雖然販售價格都比日本貴，但跟當地同行相比，我們的價格仍然是最便宜的。比日本貴的主要原因是人事費用。二〇〇九年前往美國加州開的分店，每年都在調漲最低薪資，人事費用五、六年來漲了二成，為此價格也調整了好幾次。

人類都是追求便宜的，日本的消費者追求低價的心理更加強烈，所以才會造成物價的持續緊縮。從海外進口的便宜產品，讓本來賣高價的國產企業競爭力從而被削弱，這種經濟的全球化也造成物價下跌。對飲食產業來說，掌握便宜原物料是掌握成功的關鍵。如果做不到這點的話，就無法賣得便宜。

飲食產業最重要的三大要素是：位置、味道、價格。雖然服務態度和速度也很重要，但首先要以此三要素為優先。然而日本廠商抱持的心態是「只要做得出好東西，賣貴一點銷售也不會差」這樣的價格戰略。因此日本提供的強硬價格在美國無法成功，進軍海外的失敗案例層出不窮。管理的基礎在於價格策略，不從客單價來研發產品是不行的。例如晚餐的客單價沒有設定成「最高一二〇〇日圓」的話，就算產品再多也是賣不好的。如果設定成一五〇〇日圓，市場就會變得非常小。要努力的維持以科學方式設定的價格，這樣才能徹底減少無用的花費。這是餐飲業經營的基礎。

今後日本消費者的荷包仍然是鎖得緊緊的吧！「藏壽司」仍然想持續提供給大家一盤一〇〇日圓的價格，其中包含了國產高價魚類。當然，如果擺脫了通貨緊縮，迎來通膨之後，可能價格比一〇〇日圓貴的日子也會到來。然而在後疫情時代，大家期待低價的心理是越來越強烈了。如果醫療費用漲價的話，景氣會崩壞、貧富更加不均，將造成更大的通貨緊縮。雖然漲價是很簡單的動作，但是想要維持品質又降價卻是很難的。因此我們一直在致力於減低成本。

有句話說「便宜對生產者沒有好處」，但對生產者而言，一定是想做出好吃的東西給更多的人吃。因此才要節省成本提供便宜的東西，這正是服務業的原點。

97

田中邦彥
———藏壽司・社長

# 日本企業熱情的召喚印度工科大學的學生，但都沒被學校採用

CHAPTER

# 2

## 年薪一四〇〇萬日圓是「低收入」？

——人才廉價的國家

# 1 —— 舊金山VS港區

二〇一九年年底〈廉價日本〉開始在日本經濟新聞跟日經電子版連載，其中〈『年薪一四〇〇萬日圓是低收入戶』!?人才出走、日本何去何從〉這個系列深獲好評。

這裡引用的是「美國住宅都市開發省將舊金山年收一四〇〇萬日圓的四人家族分類為『低收入戶』」的數字（注：實際爲十二萬九一五〇美金，以二〇一九年十二月連載時匯率一美金約等於一〇九日圓來計算）。

這則報導引起了大眾迴響。

有人說「自己的薪水的確從沒調過」「日本終於要變貧窮了」，但也有「舊金山物價太高，就算一四〇〇萬日圓也無法過得很舒服」「美國住院費用很貴，所以就算在日本的薪水比較低，但還是比較容易生活」等回應。

## 港區的年平均收入一二〇〇萬日圓，在舊金山是「低收入戶」

同樣在美國住宅都市開發省二〇二〇年的最新版資料指出，年薪十三萬九四〇〇美金被分類到低收入戶，一年大約提高了一萬美金。就算是二〇二一年一月的匯率（約一〇三日圓）也大幅超過了一四〇〇萬日圓。

二〇一八年時低收入戶還只有十一萬七四〇〇美元的，所以美國對低收入戶的定義，是以每年一萬美金的速度上升。順帶一提，二〇二〇年版八萬七〇〇〇美金（約九〇〇萬日圓）屬於「極低收入」、五萬二二〇〇美金（約五四〇萬日圓）為「超低收入」。

這篇報導以舊金山的年薪來作對比，指出「厚生勞動省表示日本二〇一七年的收入平均約五五〇萬日圓，超過一〇〇〇萬日圓的僅占逾一〇%」。

然而舊金山是美國收入最高的一個地區。因此也有讀者批評：「要跟舊金山比的話，要拿港區出來比才公平」。確實，這樣應該會比拿日本的平均年薪來比較更好懂也不一定。因此反省之後，我們便把東京都中收入最高的場所拿來做比較。

用總務省〈課稅標準額級別令和元年度所得比例調查〉的資料來計算，東京都內收入最高的是港區。在東京商工調查公司（東京千代田）的二〇二〇年調查中，全國的社長大多數住在港區赤坂。而前十名的地區裡，有七個是位於繁華區跟高級住宅的六本木或南青山，這些地方也是港區範圍。港區人口中社長的百分率是十三．一%，也就是十個居民中有一個是社長。

這樣的港區，個人平均收入約一二二七萬日圓。這也表示，就算是日本的富裕階層居住的港區，平均年薪也只能歸類於舊金山的「低收入戶」。

## 三七〇〇日圓的早餐

那麼，被稱為「千萬俱樂部」的低收入城市舊金山，它的生活品質又是如何呢？

舊金山緊鄰臉書或蘋果等與景氣息息相關的科技產業聚集地——矽谷。這些有高利潤的公司以豐厚的薪資招攬了全球優秀的工程師來此定居，房租跟物價也因而提升。

二〇一一年起住在這裡的安川洋（五十一歲）說：「九年來感覺房價漲了二・五倍。拉麵也漲了一・五倍。」

安川經營的是進口雜貨的貿易公司。

二〇二〇年十二月為止，三房公寓（以日本的說法是大廈）的房租是四六〇〇美金（約四十七萬日圓）。

美國的房租是隨著經濟成長的速度而調整。房租每年都會上調，所以若從每年簽約轉成每月簽約時，會漲一・三到一・四倍。「再這樣下去，搞不好會漲到快六〇〇〇美金（約六十二萬日圓）」，當安川有點擔心時，新冠疫情開始擴大了。州法規定房租不能夠過度漲價。由於孩子也大了，所以十二月開始，他就搬到郊外的獨棟公寓去了。

四房的新家租金是五八〇〇美金（約六〇萬日圓）。

一天的生活費大概是多少呢？安川會用美國最大的餐飲外送服務公司「DoorDash」來選擇當天的餐點。

首先是早餐，他在附近的咖啡店點了三明治。

- 「加州BLT三明治」（十・三五美金，約一〇七〇日圓）
- 內餡加上酪梨（一・二美金，約一二〇日圓）
- 迷你沙拉（七・二美金，約七四〇日圓）
- 可樂（二・四五美金，約二五〇日圓）

加上宅配費用跟手續費、小費等等共三十六美金（約三七〇〇日圓）

中餐擇擇大獲好評的拉麵。

● 豚骨拉麵（十四・五美金，約一五〇〇日圓）

● 煎餃（六美金，約六二〇日圓）

● 茶（三・五美金，約三六〇日圓）

同樣加上宅配費用等之後合計三十五・五四美金（約三七〇〇日圓）

晚餐選擇日本也很有名的「時時樂」牛排。

● 牛排及龍蝦（二三・九九美金，約二五〇〇日圓），選擇部位柔軟的肋眼（一一美金，約一二〇〇日圓）

● 飯後蛋糕（四・九九美金，約五四〇日圓）

● 檸檬汁（三・九九美金，約四一〇日圓）

同樣加上宅配費用等等之後總價是六十一・五八美金（約六四〇〇日圓）。時時樂的氣氛感覺跟日本的家庭餐廳差不多，但是價格卻偏向日本昂貴的餐廳價位。

這樣一天的飲食，差不多要超過一萬日圓。

當然，美國的會員制量販店賣場「Costco」有賣便宜的牛肉或堅果類等等，只要能自己煮就可以把價位壓得比較低。但單看外食的話，跟在都心也能用一千多日圓吃到套餐的日本有很大的差別。

派駐到美國的日本人異口同聲的表示：「三〇〇日圓的牛丼或銅板價午餐，在某種意義上真的是難能可貴的享受。」

安川感慨的說：「日本的餐點價格便宜，但味道和服務品質卻毫不遜色，CP值真的是太高了。」

## GAFA造成房租爆漲

另一方面，在這個城市裡，也因為新冠肺炎而出現了變化的徵兆，那就是在家上班的常態化。

美國推特公司在二〇二〇年五月時，開始讓全體員工約五千人持續在家工作。員工只要能出席線上會議，在哪裡工作都沒關係。臉書等眾多科技大廠也紛紛跟進。當員工發現就算不住在房租和物價極高的矽谷也可以繼續工作時，搬到郊外或州外的工程師便隨之增加了。

企業也紛紛開始出現離開矽谷的趨勢。

很多公司遷往不課個人所得稅、房租又便宜的德州。甲骨文在二〇二〇年十二月以「為員工提供更彈性的工作場所及工作模式」為由，將總公司遷往德州奧斯汀。而從矽谷元老惠普（HP）中分割出來的美國慧與也預定在二〇二二年將公司遷到德州。電動車（EV）大廠特斯拉的執行長伊隆馬斯克也遷到德州了。

企業的矽谷出走潮應該會持續下去。

另外也有這樣的狀況，由於以GAFA（Google、Amazon、Facebook、Apple）為主的科技大廠附近的房租爆漲，美國最大電商亞馬遜在二〇二一年一月砸了超過二千億日圓在美國據點附近蓋了給中低收入戶住的住宅。

亞馬遜的員工雖然薪資高，但原本住在當地的居民無法負擔如此昂貴的房租。對於這個現況，傑夫貝佐斯執行長表示：「要讓當地居民也能安心居住。」由於在美國抗拒這種獨占龍頭大廠的風氣也很興盛，所以亞馬遜似乎是想要避免這種批評而採取了這種舉動。

美國昂貴、日本便宜的不只房租和伙食費。

我們經常使用的訂閱服務（定額付費）也有同樣的傾向。亞馬遜的影片、音樂或運費，若選擇加入「Prime 會員」的話，在美國的費用是一一九美金（約一萬二三〇〇日圓）；日本的費用在二〇一九年四月從三九〇〇日圓調整成四九〇〇日圓，即使經過調漲日本的費用還是非常便宜。

當然，美國會這麼貴，是因為服務品質跟內容都很豐富，而且就算橫跨廣大的國土，運費依然免費，這是 Prime 會員的一大優點。

某位外派至美國的男性表示，若想從加州運送二瓶紅酒到紐約，運費再便宜都要

圖表 2-1 日本的實質薪資持續下降（以一九九七年＝一〇〇指數化）

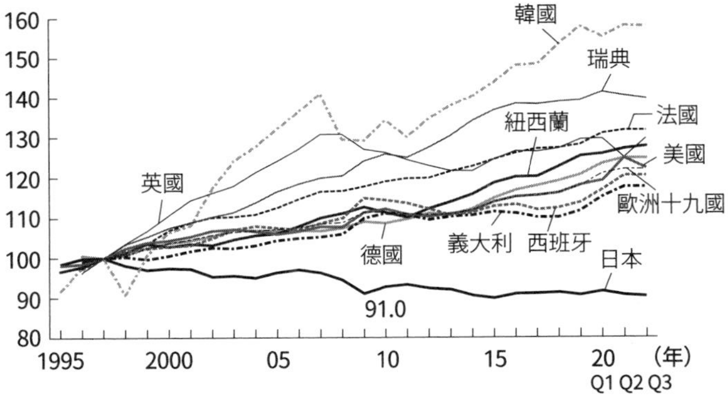


**出處**　全勞聯以 OECD 資料為準分析而成

注　名義薪資去除物價變動等影響後所得到的實質薪資，包含每小時的薪資、獎金、加班費等。

二十五美金（約二六〇〇日圓），運送時間從數天到二星期。如果想隔天就收到的話，州內約要四十美金（約四一〇〇日圓），跨州的話從六十（六二〇〇日圓）到八十（八三〇〇日圓）美金不等，這位男性表示：「有些東西的運費比商品本體還貴。」因此Prime會員的免運十分划算。

另一方面，比美國面積略小的英國（七十九英磅，約一萬一二〇〇日圓）跟法國（四十九歐元，約六二〇〇日圓）、德國（六十九歐元，約八七〇〇日圓）的Prime會員價也比日本貴，因此日本真的很便宜。

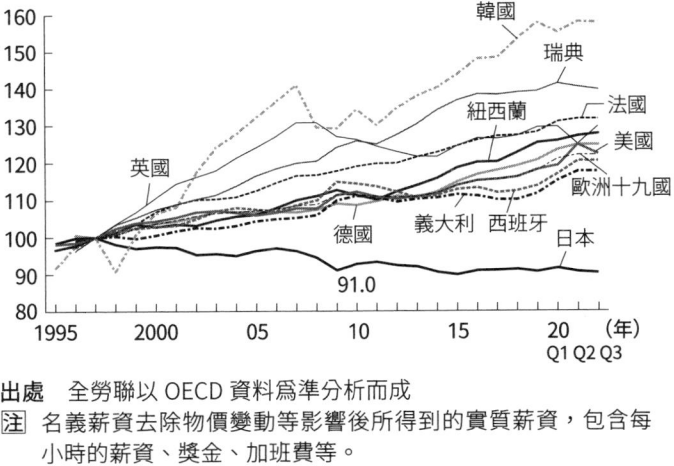

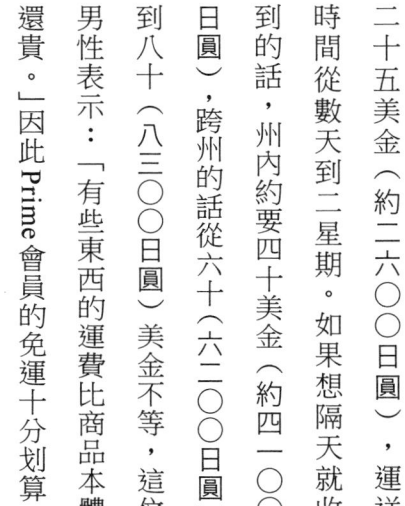

## 三十年來薪資都沒成長

商品和服務的價格與薪水密不可分。昭和女子大學八代尚宏副校長指出：「這三十年來，日本的薪水完全沒有成長」。因此跟薪資不斷成長的美國相比，日本的薪資就變得越來越低廉了。

全勞連（全國勞工組合總連合）分析了經濟協力開發機構（OECD）的資料之後發現，若以日本歷來最高的一九九七年實質薪資當成一〇〇的話，二〇一九年的日本是九〇．六，且持續減少。其他國家，例如美國是一一九、英國是一二九，都是成長的趨勢，唯有日本在減少。所謂的實質薪資，就是去除物價變動的影響等因素後得出的結果，日本的薪資之低廉，可見一般。

此外，用二〇一九年的平均薪資（年收）跟同一年以美金為基準得出的購買力平價（PPP）來跟全球做比較的話，從匯率上可以更容易感受到各國的購買力。

跟瑞士（六萬六五六七美金）或美國（六萬五八三六美金）差一大截的日本

圖表 2-2 日本的平均年收也低（以二〇一九年時的購買力平價換算）

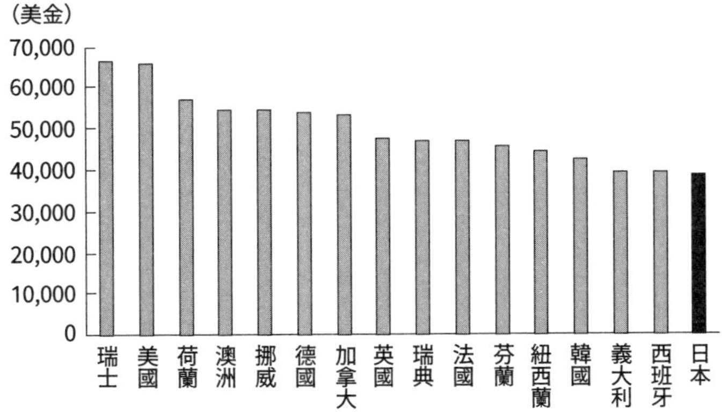


**出處**　全勞聯運用 OECD 資料，以二〇一九年購買力平價匯率而成

（三萬八六一七美金），比韓國（四萬二二八五美金）或義大利（三萬九一八九美金）還便宜。

也就是說就算沒有物價的差異，日本的薪資仍然很低廉。

我們來看看日本的統計數據。

厚生勞動省「薪資構造基本統計調查」顯示，一九八八年每人的基本月薪是二十三萬一九〇〇日圓，這是去除津貼或加班費之後的平均值，一九九九年超過了三〇萬（三〇萬六〇〇〇日圓），但之後卻一直維持在二十九萬到三〇萬左右，二〇一九年是三〇萬七七〇〇日圓。雖然是歷來最高，但在這二十年內只增加了七一〇〇日圓。從財務省法人企業統計調查的資料來看，企業的人事費用這三十年來並沒有大幅增加。

日本低薪的原因有以下幾點。

①勞動生產力停滯。

②沒有多元化的薪資交涉機制。

## 2 —— 勞動生產力在主要先進國家中吊車尾

首先是①的勞動生產力。

勞動生產力是指用數字來表現能以多少效率產生勞動的成果。計算方式是附加價值額（利潤或人事費、支付的稅金等）除以勞動者人數來計算。

公益財團法人日本生產性本部以工作每小時產出的附加價值進行分析，結果顯示二〇一九年日本人的每小時勞動生產力是四十七．九美金（四八六八日圓，購買力平價換算）。

這個數字約為美國（七十七美金，七八一六日圓）的六成。統計結果回溯到一九七〇年之後，日本竟然在七大工業國組織（G7）中持續敬陪末座。在OECD加盟的三十七國中排名第二十一。

每一人的勞動生產力是八萬一一八三美金（八二四萬日圓）。日本在一九九〇年代初期接近美國的四分之三，然而二〇一〇年之後卻變成三分之二左右。從二〇一三年開始差距拉大，近年甚至跌到六成左右。現在的美日差距比一九八〇年還要大，而且從二〇一八年起還被韓國超越。日本生產性本部強調：「這顯示了日本的勞動生產力被國際拋在後頭」。

勞動生產力最高的是愛爾蘭（十八萬七七四五美金，一九〇五萬日圓）。

一九九〇年左右愛爾蘭跟日本是差不多的水準，但九〇年代後期愛爾蘭開始抑制法人稅率，引入美國 Google 或蘋果等公司據點因而成功。名義 GDP 也從二〇一〇年到二〇一九年間擴大了二・二倍。

從生產力的資料可以看出很多事。

六日上班、需要加班、一週只回家一次——

就像回到了過去的「工作狂人」時代一樣。

以前會聽到享受漫長假期的歐洲批評日本「工作過度」。OECD 表示，德國或法國的勞動時間一年約一千三百小時到一千五百小時，比日本（一六四四小時）少約一到兩成。

為什麼歐洲做得到呢？

答案無二，那就是生產力高。

以每小時的勞動生產力來看的話，德國是七十四・七美金，法國是七・四美金。

**圖表 2-3 日本每一人的勞動生產力在 OECD 加盟國中排名第二十六名，自一九七〇年後爲最低**

| | 一九九〇年 | 二〇〇〇年 | 二〇一〇年 | 二〇一九年 |
|---|---|---|---|---|
| 第一名 | 盧森堡 | 盧森堡 | 盧森堡 | 愛爾蘭 |
| 第二名 | 美國 | 挪威 | 挪威 | 盧森堡 |
| 第三名 | 比利時 | 美國 | 美國 | 美國 |
| 第四名 | 德國 | 愛爾蘭 | 愛爾蘭 | 挪威 |
| 第五名 | 義大利 | 瑞士 | 瑞士 | 比利時 |
| 第六名 | 荷蘭 | 比利時 | 比利時 | 瑞士 |
| 第七名 | 法國 | 法國 | 義大利 | 法國 |
| 第八名 | 冰島 | 荷蘭 | 法國 | 丹麥 |
| 第九名 | 奧地利 | 丹麥 | 荷蘭 | 奧地利 |
| 第十名 | 加拿大 | 瑞典 | 丹麥 | 荷蘭 |
| | 日本（第十五名） | 日本（第二十一名） | 日本（第二十一名） | 日本（第二十六名） |

**出處**　日本生產性本部
注　OECD 加盟國三十七國中的順序

跟日本同樣以製造業為主的德國比日本高出五六%。

日本生產性本部指出：「用更短的時間產出更多的成果因而成功。所以歐洲比日本能更有餘裕的去享受富足的生活，這是其中一個原因。」

## 爲什麼德國人的生產力比日本人高？

野村證券金融經濟研究所的許斐潤所長在三十年前以研究員的身分派駐到了德國，當時是柏林圍牆倒塌之後。

當時的德國被譽為「一年實際只工作一千六百小時，但產品卻都是高品質」，許斐潤所長很期待的想著「我要去當地解開這個謎了」。相對於當時的德國，日本人的一年勞動時間卻超過了二千一百小時，簡直是社畜時代。

然而實際去了德國之後，許斐潤所長回憶道：「我完全沒看到德國人在工作。」在汽車工廠擔任作業員的都是移民，在生產線確認最後品管的是持有證照的專業人士，在最後的最後階段他們有時會重做好幾次。

這完全無法跟「生產力大國」聯想在一起。

最近有一本暢銷書《精實生產改變世界的汽車產業》，內容是在討論日本的生產體制。（作者爲麻省理工學院〔MIT〕的傑姆斯．P．沃馬克）。許斐所長表示，高級車輛的組裝工廠生產力（每一台的組裝時間），日本約十七小時，美國約三十三到三十八小時，歐洲約三十七到一一一小時。

即便如此，德國仍被認為生產力高，而原因就在於價格。

德國汽車之類的產品也比日本貴。

許斐潤所長分析：「歐洲花五倍的時間製造出的車子，用十倍的價格賣出的話，金額的生產力就變二倍了。這就是德國車生產力高的理由。」

尤其是德國「在需求小的時候仍要賺錢」，工廠是配合供需變動最低點時期的生產能力來配置生產設備。因此，顧客在買車時，可能會聽到經銷商說「交期是半年後」。不只汽車，由於德國製品是以品牌來做出區別化，所以就算有些價差，消費者還是不太會轉向其他牌子。

也就是說，就算市場上缺貨，消費者也只能等而已。

另一方面，日本為了不缺貨，生產能力配合的是供需變動的高點，因此當需求變少時，價格就會下跌。

「日本的生產力會低，理由之一在於：日本的訂價是便宜的。」許斐潤所長下了結論。

## 在家工作到底好不好？

抑制日本生產力提升的是服務業和長時間加班。

一般來說，因為服務業屬於不能出口的產業，所以無法追求全球化規模的經濟。因此勞動生產力比製造業低，這點是全球共通的。即便如此，在教育、社會和社服領域的服務業中，日本從一九九五年到二〇一八年為止的勞動生產力上升率是負〇・

九%，為G7各國中最低水準。而主題樂園等娛樂、美髮店等對個人的領域，從一九九五年到二〇〇九止是負二．三%，二〇一〇年之後是負一．五%。

日本服務業的品質比其他國家好。

但就算考慮到品質的不同，還是被認為生產力過低。

「上下班的界線不明，常常覺得工作永遠沒完沒了。」

在東京都內的科技公司工作的女性（三十四歲）在家上班，她對於在上班時間以外的深夜還要一直跟上司保持聯絡感到不滿。

「省略了通勤時間，所以效率變得比較好，但是不必要的社群連繫和信件變多，生產力也變差了。」

新冠疫情的擴大造成工作形式轉換成在家工作及線上會議，這種方式對個人的生產力有多少助益，是很多人有興趣的議題。

但是在各調查公司或企業進行的問卷中，在家工作的生產力，無論是「提升」

或「下降」，答案都很分歧。這是因為生產力無法用問卷這種個人的「感想」來計算。要先將結果數據化後，再依據資料得出評價，這樣的機制才是重要的。

## 3 —— 人力短缺而崩壞的年功序列制

平均薪資不漲的理由，除了長期停滯的生產力外，還有「大企業的中高年男性薪資下調，拉低了薪資。」昭和女子大學八代尚宏副校長表示。

厚生勞動省的薪資統計表分析指出，在一千人以上的大企業工作的四十歲至四十四歲男性的平均年薪，從二〇〇八年的七九七萬減少到十年後二〇一八年的七二六萬。四十五歲至四十九歲則減少了約五〇萬日圓。沒錯，中高年齡層的薪水被壓低了。

圖表 2-4 這二十年來，薪資並沒有大幅提升

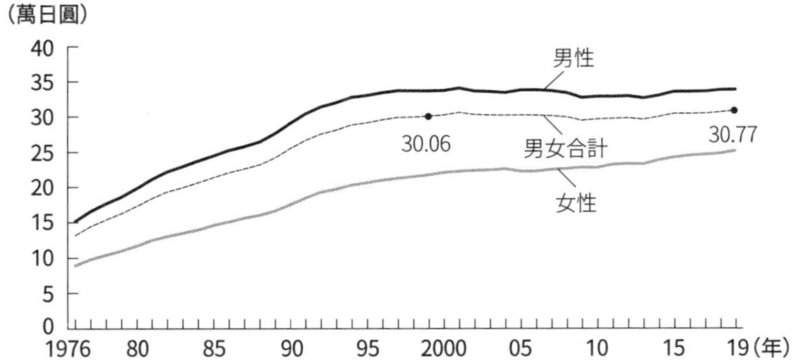


**出處**　厚生勞動省「薪資構造基本統計調查」的底薪
（* 現金給付薪資扣除各種津貼、加班費等之後的金額）

「工作方式的改變讓加班費變少。跟十年前的五十幾歲相比薪水少了很多，真不甘心。」在知名電機公司上班的五十幾歲男性因為收入變差而鬱鬱寡歡。

然而，傳統的日本企業應該是依照年齡跟年資以比例方式調高薪資的。為什麼要壓低薪水最高的中老年人這一塊呢？

八代副校長指出問題所在：「因為人手不足或是外商公司搶人才，公司為了提供給年輕人更高的薪水，所以壓低了原本付給中高齡的優渥薪水，將這部分重新分配給年輕人。」

換句話說，很多公司為了競爭，會提高

圖表 2-5 企業的人事費用持平

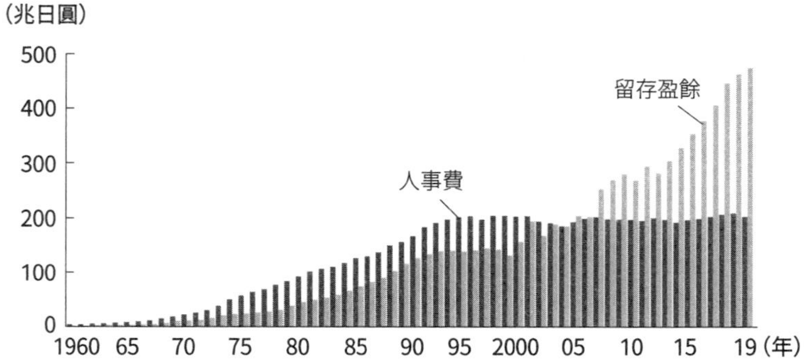


**出處** 財務省法人企業統計調查，日本企業全體（金融、保險業除外）

新人薪資和改善年輕人的薪水，然而薪資的整塊大餅是沒有增加的，所以波及到了薪資占比較重的中高年齡層。

實際上在剛剛的分析中，二十五歲至二十九歲的薪資，二〇一八年比二〇〇八年多了十七萬；二十歲至二十四歲也增加了十五萬。過往年功序列制那種隨著年齡增長，位階也升遷的薪資年齡圖表，也因為年輕人薪資提升和中老年人薪水減少的關係，數值變得平緩。

對大企業而言，「年輕人擺第一」才是最重要的。

日本綜合研究所於二〇一九年實施的調查中，約一千家企業中有八成回答「年輕人才不足」。確實，在二〇一九年至二〇二〇年時也曾經有過新人薪資提升的熱潮。

例如將優衣庫推廣到全世界的迅銷集團，於二〇二〇年春天將大學畢業的社會新鮮人薪資提高了二成，薪資給到二十五萬五〇〇〇日圓。AEON也久違的於二〇一九年調薪，距上次調薪是四年前。工業機械知名大廠DMG森精機除了基本薪資調漲之外，也在睽違十三年後再次調薪三萬一六〇〇日圓到二十五萬日圓。

人手不足的不只是零售業、服務業或營造業，工廠等各個領域也受到影響。厚生勞動省指出，二〇一九年的新人薪資，碩士學位為二十三萬八九〇〇日圓、大學學位為二十一萬二〇〇〇日圓、高中畢業為十六萬七四〇〇日圓，都是歷年最高。

企業持續成長卻無法增加盈收的話，薪資整體的大餅仍然不會變，所以還是不可能全員加薪。

調高新人的薪資或基本薪資，會擴大固定費用。企業面對第一線人員的量不足或是人工智慧（AI）的質不足，不得不做出一些犧牲。

衛采製藥就是一個例子。

二〇一九年春天，衛采製藥實施的基本薪資調漲，二十歲至三十九歲的人比中高年齡層調整的更多，三十歲的高達一萬六八〇〇日圓。但四十五歲以上的員工卻有約三百人選擇做到三月底提前退休。衛采製藥表示：「人事費總額沒有變動。」錄取的新鮮人從往年的四十人左右增加到一百人，公司致力於將組織年輕化。

至於製藥產業，由於醫師在網上能夠輕鬆蒐集資訊，所以國內的醫藥資訊負責人（MR）五年內少了三千人。另一方面，資料分析等專業人才的需求增加了，所以各家公司致力於招募和培訓年輕人。某製藥廠高層煩惱的表示：「就算我們用高薪招募，還是找不到會解析數據的人才。」

年輕人才的不足，讓以年功序列制度為前提的薪資制度開始崩解。

## 中高齡男性的寒冬來臨

像衛采這種業績良好，卻已未雨綢繆，開始進行人員調整的公司越來越多了。

據東京商工調查，在新冠疫情擴大前的二〇一九年初期，實施提前退休策略的上市公司有三十五家，約一萬一千人，企業數跟人數都是二〇一八年（十二家、四一二六人）的約三倍；超過了二〇一三年（五十四家、一萬七八二人），二〇一三年當時是因為有許多電機大廠陷入經營危機，而六年後的二〇一九年人數卻依然超過一萬人。

被裁員的對象多為四十五歲以上。這些人屬於一九九〇年代大量被錄取的泡沫世代（二〇一九年時爲四十九歲至五十二歲的人）或是人口眾多的團塊二世（注：多指一九七一至一九七四年出生，即戰後第一次嬰兒潮「團塊世代」所生的孩子，目前約四十五歲至四十八歲）。

「這些人對公司而言，是龐大的成本。」日本綜合研究所山田久副理事長說。所謂自願離職，通常是因為公司業績變差需要調整人事，所以以三個月為期間，招收一定的自願人數。公司在強制裁員前會先採取這樣的行動。

然而筆者分析了三十五間公司的業績，其中有約六成二十家公司的整年度最終損益並非赤字，可以說是「盈餘裁員」。

這二十間公司的裁員幅度約九千一百人，占全體的八成。最終損益為赤字的公司則有十五間（四三％）。東京商工調查公司的二木章吉分析：「因為公司將資源轉到有成長的事業部，所以趁著還有餘裕的時候，重新審視員工構成的『提前實施型』裁員增加了。」

例如中外製藥二〇一八年十二月的連續兩期淨利潤創下過去最高紀錄，但二〇一九年四月卻招募了一七二名四十五歲以上的提前退休者。

「我們要趁著生意大好、雇用環境佳的時候來調整人事。」某製藥大廠高層表示。

「我想趁現在換到其他待遇好的公司，在那裡做到七十歲。」二〇一九年，從某電機廠商提前退休的五十歲男性感慨的說。

前一家公司的業績絕對不差，但是自己跟不上公司的數位轉型，感覺公司開始將自己視為累贅。眼看年輕員工的薪水不斷調漲，他只能鎮日在居酒屋借酒澆愁，感嘆著「我年輕的時候，明明前輩的薪水比我高……」

然而，有一天他突然清醒了。

如果人生有一百年的話，想要跳到其他能夠善用自己實力公司，也只能趁現在了。「難道要一直緊抱著現在的公司不放嗎……？」

現在領退休金好像會更優渥一點，不如主動提前退休，再請人力仲介公司幫忙媒介中小型企業再度就業。就算薪水比現在少一點，但還是有很多公司希望能夠找在大公司任職過、有工作經驗的人。

這位男性回憶：「剛開始面試的時候，我都回答：『我能做管理職』。但在求職時，我發現我無法列出自己擁有任何一個市場需要的技能。」

儘管如此，他還是找到了能發揮所長且契合的公司。「如果我一直待在原公司的話，我是不會發現這些的吧。」他說。

二〇一九年雇用環境不差卻裁員的情況增加，所以不乏這位男性一樣，另尋穩定長久環境的例子。總務省的勞動力調查顯示，二〇一八年的轉職者人數為三二九萬人，且連續八年持續增加。若從年齡別來看，四十五歲以上的轉職者為一二四萬人，跟五年前比增加了三倍以上。日本人才介紹事業協會（東京都港區）匯整了三大人力仲介公司的資料後也發現，二〇一八年十月至二〇一九年三月，四十一歲以上的轉職者人數為五〇二八人，跟前年同期比增加四成。在世代別上是成長率最高的。

Recruit Works研究所指出，當企業從年功序列轉型到結果導向主義時，上市企業中，四十歲至四十九歲擔任課長職的人比十年前少了二成。

大久保幸夫所長分析：「四十多歲時在公司看到了自己的未來，為了能帶著熱情繼續工作，所以提前退休，另尋新天地的人很多。」

然而新冠疫情擴大造成的經營惡化，使狀況為之一變。

二〇二〇年徵求提前退休員工的公司有九十一間，自願退休者超過一萬八千人。僅次於金融風暴時期後的二〇一九年（一九一間）。在財報上也多呈赤字。二木說：「完全是景氣惡劣下的裁員捲土重來。」

企業經營在疫情之下變得嚴峻，薪資大餅想要增加也變得困難。年功型的薪資制度很有可能無法維持，走向崩壞。

## 4 —— 新鮮人跟科技業的薪資普遍偏低

剛剛提到了「日本企業將新鮮人的薪資提高」。既然新鮮人的薪資有提升傾向，從海外的眼光來看，畢業生的薪水應該不算低了吧？

答案是No。

韋萊韜悅顧問公司調查了二〇一九年全球大學畢業生進入公司後的第一年基本年薪。美國是六二九萬日圓、德國五三一萬日圓、法國三六九萬日圓、韓國二八六萬日圓。日本在經濟團體聯合會的調查中是二六二萬日圓，在十四國當中倒數第四，

圖表 2-6 日本社會新鮮人薪資低於瑞士的三分之一

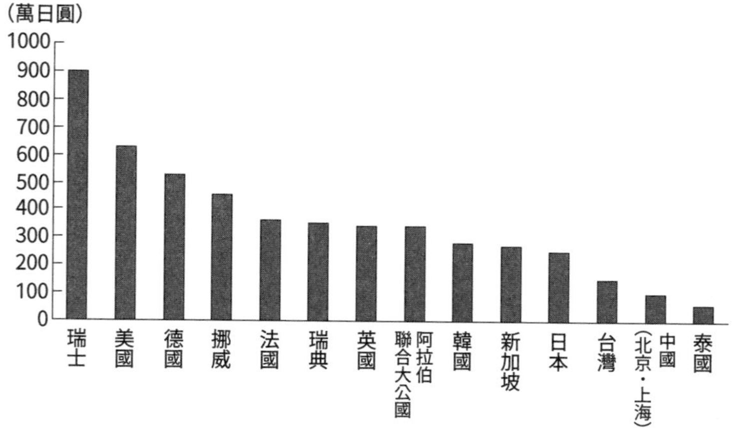


**出處**　韋萊韜悅「二〇一九 Starting Salaries Report」

注　大學畢業進入公司第一年的基本年薪，不含加班費。日本數據為經團聯調查。

跟物價高昂出名的瑞士（九〇二萬日圓）相比，僅有三分之一。

該公司的資深總監森田純夫表示：「海外的新鮮人薪資跟國內的中途聘用一樣，依個人能力有所不同，所以國外沒有『新人價都差不多』這種概念。」

然而「日本是以終身雇用制為前提，所以最初的新人薪資是有可能被壓低的。」

SONY於二〇一九年開始依照新鮮人的個人能力給薪。「平等原則」的「一致性」有被廢除的跡象。

## 美國的薪資超過日本兩倍？

差距不只在於新鮮人薪資。

跟美國相比有著壓倒性差距的，還有人工智慧跟科技業人才的薪資。

經濟產業省資料指出，美國的科技業人才無論哪個世代（二十歲至五十九歲）的平均年薪都超過一〇〇〇萬日圓，最高點落在三十歲至三十九歲的一二〇〇萬日圓。

至於日本三十多歲的科技人則是五二〇萬日圓。

日本薪資由於採用從二十多歲開始算的年功序列制，所以不論多優秀的年輕人，都還在「培養中」的階段。然而就連最高薪的五十歲至五十九歲都只有約七五〇萬日圓。

這樣的日本企業，在留住人才上是毫無優勢的。

讓我們來看代表日本的大廠 NTT 集團。

NTT高層指出：「我們三十五歲以下的研究開發人才，有三成被挖角到GAFA。」NTT錄取了許多優秀人才並費心栽培，近年也是科技業人才的培養皿。還引進了提供年輕人三〇〇〇萬日圓的制度。

NTT會這麼焦慮，是因為今後競爭力來源，也就是科技業人才，在日本的未來明顯不足。

經產省推測，到了二〇二五年，日本科技業人才將短缺四十三萬人。像是無人店面或自動駕駛等，特別是人工智慧在零售業或汽車等各大產業將成為必備的技術。

然而現狀是專門研究人工智慧的碩士生人數每年只有二千八百人左右。全球二萬多位頂級人工智慧人才中，日本僅占了三．六％。

政府宣布，二〇二五年前每年要培養二十五萬名人工智慧人才，導入國家認定的培訓內容制度。各家企業也紛紛響應，急於創造官民合體的體制。「雖然是很高遠的目標，但再不培養人才的話，日本的將來會很危險。」內閣府的負責參事憂心忡忡的表示。

## 薪資的高牆是獲取人才的難關

只靠國內培育人才，將無法在這個瞬息萬變的世界存活。因此許多企業會去爭取海外的高科技人才，然而爭奪人才的關卡在於薪水。

剛剛比較了跟美國的薪資，但日本在亞洲也是顯而易見的低薪。

根據某人力仲介公司的求才資料，資管及資工類人才在日本的年薪最高是一二〇〇萬日圓；中國是一六〇〇萬日圓；香港和新加坡的科技相關職缺則是超過二〇〇〇萬日圓。

熟稔轉職市場的美國 LinkedIN 商務社群媒體日本代表村上臣表示：「日本的薪資過低，所以在全球的人才爭奪戰中搶不過別人。」

# 5——招不到印度的人才

實地執行「反・一律」（注：按實力敘薪）的國家是印度。

對收入兩極化的印度來說，討論薪資的「平均」是無意義的。在印度，全球認可的優秀理工人才第一年的薪資跟美國一樣高。集結了微軟執行長薩蒂亞・納德拉或Google的桑德爾・皮查伊執行長等著名管理者輩出的印度，是全球各大企業尋找下一個天才的園地。

日本企業是其中比較慢才開始動作的。

## 印度的Day One

「Day One」指的是十二月一日，是印度理科最高學府——印度理工學院

IIT 海德拉巴分校有許多傑出的學生在此學習。
(照片爲二〇一七年所攝)

（IIT）開始就職活動的日子。

IIT因為學制是二學期，所以這時候是四年級上學期結束、學生開始找工作的時候。雖然有好幾個月可以從事求職活動，但是優秀的學生在第一天就決定了自己的未來。Day One由於找工作跟決定雇用是同一天，所以從蘋果等科技大廠到新創小公司，都為了能將十二億人中的「超級菁英」招攬到自己的公司，而緊鑼密鼓的進行面試等人才招募。對企業跟學生而言，這天是決定命運的「勝負之日」。

這一天，在全國共有二十三所學

日本企業成爲「Day One」贊助商藉此向學生介紹日本，地點位於大學內的咖啡廳。（照片爲二〇一七年所攝）

校的ＩＴＴ，會在學校的教室或旅館等地，從早到晚進行筆試跟面試。

然而二〇二〇年的「十二月一日」有點不同。由於新冠疫情的影響，一律採用線上招募。學生們在自家或宿舍利用網路跟公司主考官進行面試。

科技巨擘恨不得想緊緊抓住這些科技人才。但重要的是，能參加一所學校 Day One 徵才活動的，只有數十家公司。

九月至十一月各公司釋出徵才訊息，各個大學從中挑選出可以參加的公司後，再分配面試時間。徵才公司在校方審核通過之後，才能提出求才名單，並於十二月一日進行人事面試、技術面試、程式測驗等。如果學生接受了特定公司的錄取書之後，就不可以再參加其他公司的面試。

熟悉印度市場的人力仲介公司 **SUKILLS**（東京台東區）表示，能夠參加 **Day One** 的公司是由學校端經由人氣投票、薪資水準、知名度跟活躍度等各種要素決定的，但並沒有明確的基準或是參考數值。**SUKILLS** 的西山直隆社長表示：「日本企業想要進入 **Day One** 非常困難。」

二〇二〇年，**SUKILLS** 的二間新興企業客戶參加了 **Day One** 並且招募到了幾個學生。但這只是非常罕見的例子。

印度中南部的海德拉巴是科技產業興盛的都市，不只有 **Infosys** 等當地科技企業，連微軟跟 **Google** 在這裡也有據點。從市中心開車駛向外面廣大的土地，可以看到 **IIT** 海德拉巴分校。校園內並排著數棟紅色跟白色的建築物，給人一種開發中國家的印象。

據相關人員指出，二〇二〇年的 Day One，IIT 海德拉巴分校在面試的六百人至七百人中，有大約七十人拿到了 offer。參加電腦科學學院徵才的公司有微軟、蘋果、高盛、甲骨文、高通等。日本企業沒有徵到人。

「印度本來就不清楚日本公司，就像我們不知道非洲的科技公司是一樣的。日本公司在印度的知名度太低了。」IIT 海德拉巴分校的片岡廣太郎準教授這樣表示。

確實筆者於二〇一七年在印度時，問了印度同學知道哪些日本企業的名字，他們回答的大概都是「鈴木、豐田、SoftBank」，這三間公司都是在印度積極投資的企業。另一方面，GAFA 等大公司都是很早就在當地設置開發據點，讓學生錄取後能直接在當地上班。

## 日本型薪資制度的界限

日本招不到印度人才的原因，當然不止知名度，還包括了待遇方面的巨大差異。GAFA之類的美國公司，對於菁英中的菁英會提供年收一五〇〇萬至二七〇〇萬日圓的待遇，將他們挖角到美國總公司。除了IIT之外，在印度學習科技的學生，大概每年有一五〇萬人，其中的菁英約有十萬至二十萬人，其中最出類拔萃的一百人，會被挖角到GAFA或大型金融公司。

「我們求才若渴。」

某日本知名新創公司的高層，如此表達對IIT人才的渴望。

以前曾有IIT出身的人參加過該公司的實習，公司的APP程式經過對方的修改後，變得非常容易上手。

「我們對他的傑出表現，感到十分震憾。」

然而最後他去了開出年薪一七〇〇萬日圓條件的亞馬遜。

另外還有這樣的例子。

日本電機大廠在二〇一八年參加了IIT的就職說明會，後來沈痛的表示：「我們輸給了當地不知名的公司。」

那家「不知名的公司」開出了年薪八〇〇萬日圓的條件，而日本電機大廠提供的條件，是日本大學畢業生的薪資六〇〇萬日圓。

這是因為日本的薪資制度是定期調薪或一律調薪，以平緩為原則。

「在日本，如果薪水比主管還高，是不可能被接受的。從制度而言，不可能只給這些人特別高的薪水。」人事負責人嘆息著說。

因此在IIT鑽研電腦科學的學生，有很多人對日本企業視若無睹，全都跑去美國的公司。曾在SONY任職，對印度科技產業十分熟悉的武鑓行雄說：「物價跟薪資都不會漲的國家（日本）毫無魅力可言。如果想要受到印度菁英的青睞，必須提供讓人感興趣的技術和職涯規劃才行。」

某個日本的軟體大廠在數年前曾招收了大量的印度技術人才，「然而因為只給他們做最簡單的開發工作，所以大家紛紛離職了。」該公司的競爭對手告訴我們。

這個結果顯示，最終日本只是變成人才的跳板罷了。

日本企業的認知錯誤出在這裡。

SUKILLS針對畢業於印度名校，並在日本公司任職數年的約六十名印度人，以及三十間招募了印度高級人才的日本企業，進行調查研究。

其中有八五%的企業表示：「未來也想要繼續擴大招募印度的人才。」

然而印度出身的高級人才中，有五三%表示，自身績效對比薪資的滿意度「仍有改善的空間」。問他們「公司評薦時的指標是什麼」，回答「個人的成果」是第七名（二五%）、「團隊的成果」是第一名（七〇%），可見他們覺得自己不被重視。也就是說他們覺得「個人的實力沒有被公司看見」。

日本企業需要改變想法了。

武鑓斷言：「印度的年輕人是以進入歐美企業為志向來念書，但是日本企業到現在還不理解這一點。」

例如在ＩＩＴ的招募活動中，有日本公司的錄取條件是「會說日文」。「你會對在美國史丹佛大學研究電腦科學的學生說：『請先學好日文』嗎？如果是在東南亞地區或許還有可能，但印度可不是這樣的，這種時代錯誤也太明顯了。」武鐳表示。

從二〇二一年三月起，SUKILLS開始媒合一百間以上的日本企業跟ＩＩＴ的學生。在ＩＩＴ的企業徵才活動是不公開的，每間大學的形式和規則皆不同，有些可能要靠內部關係才進得去。日本企業可以從中閱覽大學的求職資訊，建立給學生閱覽的公司情報或實習招募平台，而學生也可以在該平台投遞履歷。據稱已有二十間公司希望利用此機制徵才。

## 廣收海外人才的 Mercari

招收到海外人才之後，還有更重要的任務，就是留住人才。

在日本，二手交易平台 Mercari 是非常積極爭取海外人才的企業。

「要不要來 Mercari 上班？」

二〇一八年，在埼玉大學教授電腦科學的拉姆・安東尼在他的 LinkedIN 帳號收到了這樣一封訊息。

當時也有一家急速長成的人工智慧新創公司來挖角，但他在第三次的面試後，選擇了 Mercari。

安東尼表示：「能夠活用豐富的消費者情報是很誘人的要素，同時年薪也很高。」

Mercari 的人工智慧團隊中，有約五十位（二〇一九年秋天）是挖角過來的菁英。Mercari 在使用人工智慧來做照片分析的技術上，有相當靈活的運用手法。例如在

Mercari 平台上銷售洋裝時，只要將照片上傳後，便能自動歸類到「女性洋裝」。

Mercari 的負責人表示：「雖然學人工智慧的人變多了，但能夠實際應用到服務上的人還很少。」

二〇一九年，機器學習庫「Scikit-learn」的原發開者大衛．柯納伯也進入了Mercari。Mercari 一時之內在技術業界以「人才凝聚處」蔚為話題。

二〇二〇年九月時，該公司相關員工約一千八百人，在三年內增加了二．五倍。在東京上班的技術人員有五成都是外國人。

人事負責人表示：「好不容易把人才招攬進來了，如果不讓他們發揮長才，就太可惜了。」為了讓外國人能夠馬上集中心力在工作上，會安排前輩一對一組成「夥伴」，要求在日常生活也能盡量支援新人。

為了跟外籍員工有所連結，需要營造一個多元性的職場，目前看起來是新創公司或年輕的公司對這方面比較在行。

不只公司，培育人才的大學也有很多有待學習的事情。

許多大學都欠缺培育人工智慧人才的教師。

年輕的研究人員會跑去待遇優渥的企業傘下的研究所，這是一個很明顯的理由。也有些研究者的看法是「能夠負責人才培育的大學教授，全國只有一百位左右。」

從另一方面來看，也可以得知日本的大學薪資有多低。

各所大學招攬海外學者的趨勢也很明顯。

「請務必來長崎教書。」

二〇一八年任職於長崎大學國際機構的松島大輔教授（現任職於金澤），當時造訪了ＩＩＴ的海德拉巴分校，希望那些研究深度學習的三十多歲印度研究員，能夠前往長崎擔任新成立學部的教授。除了印度之外，他也蒐集了中國、泰國等國家的教材，從中長期來看，希望能招攬更多外國教授。

「如果不這樣做的話，國內的教學人才是不夠的。」松島教授表示。

## 6 —— 停滯不前的薪資交涉

招不到海外人才的日本企業，為什麼無法給優秀人才高額的報酬呢？

原因之一就是包含薪資制度在內的日本型雇用。

而這也跟前面所提到的「**②沒有多樣性的薪資交涉機制**」有關。

一般來說，日本大公司的調薪，是由工會提出月薪等勞動條件的要求，跟資方進行交涉。每年一次最大的交涉稱為「春季勞資交涉」「春鬥」。為了強化工會的交涉能力，電機或汽車產業會一同組織進行。

此處最值得大家注意的是必須統一調漲的「基本薪資調漲」，以及隨著在職年數及年齡的增加而調漲的「定期調薪」。年功序列和終身雇用、企業內部工會是支撐日本企業的「三大神器」。

定期升遷制度和人才的安定有關，從長期觀點來看可以培養人才，這個制度很適合以終身雇用制為前提的日本企業。作為一個支撐高度經濟成長期的制度，過去在國際間的評價也很高。

但這已是過往雲煙。

由於個人的成果和能力無法跟待遇結合在一起，近年來「勞動意願低下」的批評聲浪也變大了。隨著員工的高齡化，包含中老年男性定期調高的薪資，「對企業而言，是占比很大的成本。」日本綜合研究所山田久副理事長表示。而衍生的結果就是前面講到的「盈餘裁員」。

象徵「調薪停滯」的春季勞資交涉，起源於一九五五年的「五五年體制」中，由八個產業的工會一起組成的「八單產共鬥會議」薪資協調開始。從那之後鋼鐵或汽車等被稱為「先行工會」的工會組織會提出目標薪資的金額，並牽動其他產業。第一次石油危機之後，還曾設立過調薪超過四成的目標價。

然而二〇〇二年之後，主要企業的薪資交涉卻只停留在一%上下，幾乎停滯不前。這幾年來也開始有了變化。

在第二次安倍政權開始後，二〇一三年起，政府要求經濟業界調薪。

由於是政府介入的，因而被稱為「官製春鬥」。安倍晉三前首相在二〇一八年直接強力要求「調薪三%」，像這樣直接點出目標數字是以前沒有過的事。由於政府介入的關係，從二〇一四年之後，企業調薪都在二%，但是也有工會的成員指出：「能達到首相要求的僅限於『大公司』，中小企業或非正式員工都沒有受到影響。」

「官製春鬥」可以說是安倍政權和經濟界的蜜月期。

然而連合（注：日本勞動組合總聯合會）的神津里季生會長批評：「『官製春鬥』這種錯誤政策，只是造成安倍政權的風險。」

調整的「二%」只反應在與自民黨關係良好的大企業薪資上，中小企業和非正式員工並沒有吃到這波紅利。也就是說，「無法反應到整個社會，無法跟物價漲價連結」，這是勞動界大致的看法。

二〇一三與二〇一四年舉辦了以脫離「通貨緊縮」為目標的「政勞資會議」，

這似乎代表著能夠確實反應一部分的調薪吧。當時，神津會長強調：「有關中小企業跟非正式員工的待遇，需要設立分科會，在二〇一五年後強化並實際執行。」

然而神津會長的期望沒有被傳達，之後政勞資會議也沒有再舉辦。

神津會長批評：「政府過於專注在從大企業到中小企業都會有所影響的『下滲經濟學』這種老式手法，卻對真正應該討論的事視而不見。」

有關薪資部分，二〇一九年時，政策基礎的每月勞工調查被人揭露有不當的處理行為。每年調漲約三％的最低薪資也在二〇二〇年由於新冠肺炎的關係，政府將方針轉換為「以雇用為優先」。神津會長表示：「在新常態下，如果薪水不提升的話，地方會缺人手。當公司決定不加薪時，安倍經濟學最後也等同於束手無策。」

# 7 —— 不發聲的日本人

昭和女子大學的八代副校長強調：「春季勞資交涉的目的只是為了大公司、中高齡男性和正職員工而已。」

加入工會的人占總員工數的比例稱為「組織率」，組織率在戰後曾一度超過五〇%，然而二〇〇〇年時跌到只剩二一．五%，二〇二一年更降到十七．一%。二〇二〇年時女性的組織率是十二．八%，計時人員的組織率是八．七%。雖然兩邊都增加了，但工會仍被嘲諷的稱為「男性正職俱樂部」。

現在日本勞工中，有約四成是非正職，勞工裡也包含了外國勞動者等非常多元化的人口，但春鬥這個唯一具有劃時代意義的薪資交涉，卻很難完全對應這樣的人才需求。這種多元化人才長期被主流派排擠在外，需要自助努力的社會，真的沒問題嗎？

據推算，一千人以上的大公司組織率高達四一．八%，但九十九人以下的公司

圖表 2-7 日本不要求調薪的人約七成

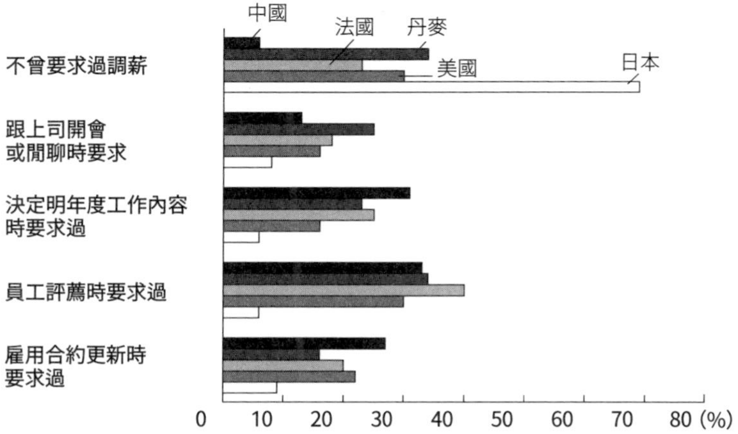


**出處** Recruit Works 研究所（二〇二〇）五國關係調查
注 只針對轉職者進行統計

則只有〇．九％。

「供應商之類的中小企業，有些甚至連作帳等薪資的實質管理都辦不到。」一名汽車總工會主管表示。連對金錢管理的態度都這麼隨興，怎麼可能會去處理勞資交涉的問題？

企業內部工會跟產業別工會的調薪制度，在戰後確實發揮了功用。

但是這種集體化的勞資交涉機制已經弱化很久了，取而代之的個別交涉手法卻仍不發達，這也是一個問題。

Recruit Works 研究所的中村天江主任研究員指出：「在換工作或進

圖表 2-8 轉職後的年薪變化

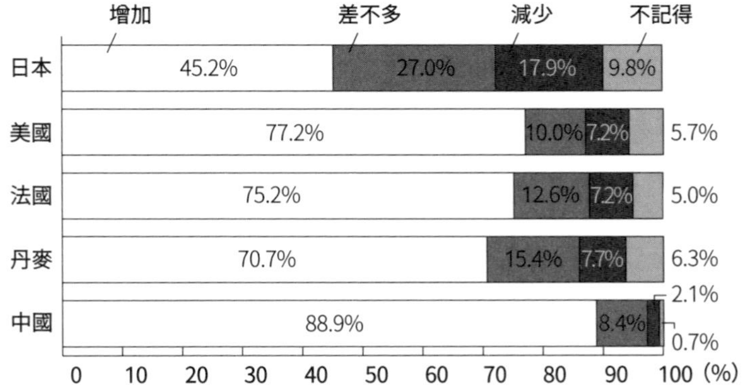


**出處**　Recruit　Works 研究所（二〇二〇）五國關係調查

注 只採計加班超過二十小時以上的轉職者

入新公司時，員工不會明確的跟公司談薪資，這是日本的習慣。」

這就是日本的薪資不會調漲的最大理由。

## 「不要求調薪」的人約有七〇%

該研究所於二〇二〇年在日本、美國、法國、丹麥和中國執行的「五國關係調查」中發現，員工在進入公司之後，除了日本以外，有約七成的人會要求調薪，而日本只有三成。在日本「不曾要求調薪」的人有七成。

「不曾要求調薪」的人，中國約有六%、法國約二三%，都是少數派。除了日本以外，每個國家「在員工評薦時會提出薪資要求」的人有三成，跟人事以外的人面談時，有十三%至二五%的人會在「跟上司閒聊時提出調薪要求」。

日本在轉職時要求調薪的人僅有五%。

然而，包含日本在內的全部國家，在轉職時將自己的期望薪資提出後，有很高的比例是能被接受的。

在國外，轉換職場的人提出期望薪資後薪水會得以調整，日本勞工的流動率低，似乎也跟低薪有著密切關聯。

雖說如此，但行政法人勞動政策研究研修機構指出，日本的雇用者持續年資在四年以下的比例已經有三四・三%（美國爲五二・四%）。

然而 **Recruit Works** 研究所詢問轉職後的年薪變化時，日本回答「增加」的比例為四五・二%，是五國中最低的。美國為七七・二%、中國為八八・九%，是轉職時年收增加最成功的國家。

在日本，轉職後薪資「減少」的人高達十七．九%，這是令人震驚的結果。轉職時要注意的一點是，日本的薪資大多是以前一份工作薪資為基礎。

如果前一份工作是日本型企業的話，女性或年輕人的薪資會因為各種要素而被壓低。因此就會變成「用前份工作的薪資水準進入新公司」，所以薪資還是很低。

今後企業在錄取員工時，需要的機制是以能力來評估出跟市場相符合的薪資。

## 「宅配危機」跟日本人的民族性

在日本以外的所有企業，都是以成果來給予報酬的「崗位型（job型）雇用」，所以有「自己的職涯自己規劃」這樣的文化背景。

某科技大廠的前董事在曾任職的越南海外據點，遇過一件驚異的事。

「為什麼明明做同樣的事，那傢伙的薪水卻跟我不一樣？」才剛上任不久，馬上就有越南的工程師跑來跟他抗議。

越南員工流動率大，同事之間常會互相比較薪水。如果主管無法給予滿意的答案，員工就會離職跑去別家公司。

「由於通膨也高，薪水如果一年內沒調漲七％，員工就跑了。」

在這種時候，日本企業只能乾瞪眼。

某日本大型證券商的高層也有著複雜的回憶。

他外派中國時，當地的職員被中國企業挖走了。對方提出的薪資是該名員工原本年薪的二到三倍。

「就算想要挽留，我們也給不出這樣的薪水。只能跟他說：『真是太好了』。」

他苦笑道。

「日本的薪資低廉」理由在於僵化的人事費用和制度讓企業無法機動性的調薪，此外在民情上也沒有多元的薪資交涉傳統。

為什麼日本的勞工沒有在薪資上為自己發聲呢？

①正職員工在剛畢業進入公司後，就因為公司的薪資制度規定，待遇幾乎是不會變動的。

②由於員工流動率低，所以無從與別的公司比較薪資。

理由應該是這二點。

所以，日本人的想法是「如果提出調薪的話，也許會遇見更不利的事」。

這是因為日本人不知道如何用個人名義來爭取薪資的提升，怕被公司認為「提到錢的員工很麻煩」。

最近物流業界發生了人手不足造成的「宅配危機」。

由於寄送方強烈要求降價，所以不得不以低價來下單，結果整個業界就變成薪資低、找不到司機的窘境。

這種被動的「薪資（價格）無法交涉」窘境，跟我們每個在工作的人都有關係。

在進公司時如果提了薪水，會被公司貼上「難搞的傢伙」標籤，搞不好會被調到自己不想去的部門。這種單方面自上而下的傾向與其說是組織的問題，不如說是日本的國民性更貼切。而肩負社會重擔的工作者有著更加強烈的傾向，因此有必要建立一個更加健全的薪資交涉流程。

中村表示：「人才的多樣化造成了工作方式的差異，對每個人所要求的東西也不同。是時候該拋棄包含價格交涉時間點在內的齊頭式交涉這種觀點了。」

現在需要追求的是個別性強烈的薪資交涉。

廿世紀的政治經濟學者艾伯特赫許曼在「Exit, Voice, and Loyalty」這本書裡倡導「退出——發言模式」。

指的是員工在公司裡對組織不滿造成生產力低落時，於是離開公司另找出路的「退出（exit）」，和留在公司內以「發言和發聲（Voice）」來改善引起不滿的源頭，這二種做法。

如果「Voice」沒有傳達到的話，勞工就會從「出口（exit）」離開。

若是員工的期望有確實傳達出去，實現自身期望的機率會比較高。

在發展型職涯的形成上，「發聲」是不可或缺的。

## 8 ——「崗位型雇用」可以改變一切？

在二〇二〇年疫情擴大之後，對工作型態造成的影響，除了在家工作之外，還有「往崗位型雇用方式轉變」。

想要在家工作也能提高生產力，邏輯在於需要研發出能夠考核個人成果的系統。

在那之前的二〇二〇年一月。

經團連（注：日本經濟團體聯合會，簡稱經團連。是日本一個由企業組成之業界團體，在二〇〇二年由「經濟團體聯合會」與「日本經營者團體聯盟」統合而成）在春季勞資交涉的資方指南《經營勞動政策特別委員會報告》中，修正了日本型雇用制度，也明確的記載了

「崗位型雇用是確保高級人才的有效手法」。

所謂的「崗位型雇用」是指職務的內容明確之後，安排最適合的人來做這份工作。在工作描述書（Job Description）上會清楚記載職務內容或需求能力，公司再針對這份工作描述書徵求人才，在考核人員時也不是用上班時數而是用能力或成果來評價。在國外這是很一般的雇用方式，用高薪吸引人才，兩者是息息相關的。

相對於此，日本企業沒有限定工作職務、公司都是一次性錄取多名畢業生並且從零開始培養人才，這種方式稱為「成員型（membership型）雇用」。以終身雇用為前提對員工來說雖然安定，但對轉職或因人事命令而不得不換職務的「非正職員工」來說，「崗位型雇用」是很常見的。

在經團連下達指示之後，日本公司就全體總動員了起來。

在經團連的中西宏明會長率領下，日立製作所跟三菱化學等大廠紛紛表示要導入崗位型雇用。美國人力資源公司美世的日本法人在二〇二〇年八月以國內約二四〇家主要企業為對象做的調查顯示，三至五年後導入崗位型雇用企業的百分率，管理職從三六％提升到五六％、非管理職從二五％提升到四二％。

## 「滾動型雇用」也是一種觀點

「好不容易用高薪把矽谷的工程師挖過來，但日本總公司卻因為薪資報酬不同，所以沒能留住他。」美國商務社群網站 LinkedIN 的日本代表村上臣表示，有很多日本企業的高層跟他聊過這樣的事。

日本的薪資制度無法提供單一個人特別高的薪水。

除了薪資之外，日本式的成員型雇用，要求員工的異動或轉職都要依照公司指示。「對外國人來說，這是很奇怪的。」村上代表表示。

對有這種煩惱的大企業而言，或許導入崗位型雇用才能吸引優秀的人才。

然而村上代表也警告：「導入崗位型雇用就能完全解決這種問題嗎？我認為不

能一概而論。」

即使導入崗位型雇用，日本企業還是留存著年功序列或年資主義等不透明的考核基準，所以全球化的轉職市場對日本企業是不利的。不僅如此，在脫離日本獨有的鎖國模式（只有日本國內通用的事物）後，優秀的日本人還可能流向海外企業。

也就是說企業不能只有表面上進行崗位型雇用，企業跟員工需要構築的是一個公平、透明度高的人事制度。「薪水若能有相同水準，在『物價便宜又安全的日本』工作，對外國人而言就會是很有吸引力的事了。」村上代表說。

此外，崗位型雇用在訂定職務跟製作職務記述書上造成了很大的負擔。

崗位型雇用比較適合朝國際展開先進技術、想以優渥薪資招攬人才的大企業。導入崗位型雇用的製造業大公司人事部門正叫苦連天：「根本來不及製作那麼多職務記述書。」

至於中小企業或只想提高個人自律性跟生產性的公司，部分認為只要導入明確界定內部員工職責、強化每日管理跟連動考核、待遇的「職責型雇用」就夠了。

Recruit Works研究所的中村主任研究員將這種方式定義為「滾動型雇用」。

若將人才做為一切的起點，「日本式的崗位型雇用」亦可稱為日本型雇用和崗位型雇用的混合型態。此外，崗位型雇用要如何建立一個安全的互聯網、包含金錢方面的解雇規則都需要討論。

無論如何，企業需要思考的是應該導入哪種雇用形式以及運用的方式，並慎重的決定制度；勞工則是需要意識到現在的時代已經跟以前不同了。

## 無趣又不滿足

在此向各位揭示一個很有意思的調查。

LinkedIN以「為了擁有成功的人生，什麼是重要的」的主題，向二十二個國家、超過三萬人發出問卷，結果包含日本在內，全球共通的第一名回答是「努力工作」，其次為「欣喜接受變化」跟「人脈」。

然而只有日本的第二名答案與眾不同——是「運氣」。

「分配到的職務跟人生規劃都靠運氣，這是讓人衝擊的結果。」村上代表說。

現在來探討日本的勞工為什麼在工作上都是依靠公司或外在的因素。

一九九〇年代前期，泡沫經濟崩壞，企業在人事費用的預算上遭逢嚴苛的處境。由於非正職越來越多，為了提升國際競爭力，削減成本之一的人事費用被認為是公司「對經營做出的努力」。

但就算暫時提升了利潤，為生活所苦的人仍然不斷增加。

當眼光看的是社會整體時，我們忍不住要問：該讓這種情況持續下去嗎？

「比起薪水，日本的文化更重視成就。」關於跟國外薪資差異的報導，也有很多人表達了這樣的看法。

國土交通省在二〇二〇年的調查中，日本人在「薪資報酬」上的滿意度跟英國、法國、德國相比是最後一名。

即便如此，日本人心中有「比薪資之外更值得開心的事」的話，那就另當別論。

然而，日本人在「娛樂休閒」「生活」的滿意度方面，也都是最後一名。

換句話說，日本人既沒有金錢上的富足，也沒有精神上的充實。「無法從『具備自然與四季的富饒之國』這樣古老的價值觀中脫離，再這樣下去真的會變成貧窮的國家。」Recruit Works研究所中村主任研究員說。

在提到富足時，是無法避開薪資的。

企業就算規模再怎麼擴大，只要薪資低的話，員工就無法得到幸福。

員工得不到幸福的話，企業也會滯礙難行。

公司現在不能只做「隨著物價上升幅度的調薪」，應對員工技能提升後的努力成果做出正確的考核，並徹底執行升遷跟調薪。

圖表 2-9 日本不只對薪資滿意度低，
連「成就感」跟「娛樂休閒」的滿意度也低

n= 有效樣本數

| 國家 | 滿意度／居住地點 | 薪資報酬 | 工作時間 | 工作成就感 |
|---|---|---|---|---|
| 日本 | 首都圈（n=1605） | 4.73 | 5.95 | 5.43 |
| | 首都圈以外（n=1608） | 4.48 | 5.89 | 5.51 |
| 英國 | 首都圈（n=807） | 6.10 | 6.60 | 6.07 |
| | 首都圈以外（n=800） | 6.35 | 6.75 | 6.06 |
| 法國 | 首都圈（n=860） | 5.79 | 6.27 | 5.93 |
| | 首都圈以外（n=796） | 5.82 | 6.47 | 6.12 |
| 德國 | 首都圈（n=880） | 6.25 | 6.87 | 6.50 |
| | 首都圈以外（n=871） | 6.21 | 6.92 | 6.44 |
| | | 居住空間 | 住家周邊環境 | 娛樂休閒 |
| 日本 | 首都圈（n=2186） | 6.05 | 6.34 | 5.67 |
| | 首都圈以外（n=2190） | 6.25 | 6.39 | 5.66 |
| 英國 | 首都圈（n=1073） | 6.93 | 6.68 | 7.05 |
| | 首都圈以外（n=1091） | 6.90 | 6.74 | 6.88 |
| 法國 | 首都圈（n=1077） | 6.82 | 6.64 | 6.71 |
| | 首都圈以外（n=1093） | 7.01 | 6.91 | 7.03 |
| 德國 | 首都圈（n=1082） | 7.27 | 7.39 | 7.02 |
| | 首都圈以外（n=1099） | 7.38 | 7.38 | 7.17 |

**出處** 國土交通省《企業過於集中於東京懇談會》第四屆資料

注 1. 以「不滿」爲一、「滿意」爲十，分爲十階段的回答來做平均。
2. 首都圈或首都圈外爲居住地。
3. 出處：國土交通省二〇二〇年九月至十月實施之調查，截取部分內容。

# 找解方——

1 **中村天江** Recruit Works 研究所・主任研究員

2 **村上臣** 美國 LinkedIN・日本代表

3 **神津里季生** 連合・會長

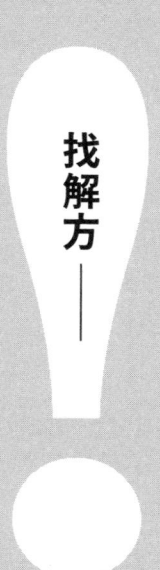

# 1

## 「首先要建立『薪資會調漲』的共識」

**中村天江**

Recruit Works 研究所・
主任研究員
Akie Nakamura

一九九九年進入 Recruit，二〇〇九年起任職 Recruit Works 研究所。歷任勞動、人才相關的政府委員。

從經濟合作暨發展組織（OECD）的資料來看，現在日本的平均薪資是G7七國中最後一名。其他國家的員工對薪資的看法都是「調漲是當然的」，只有日本是「沒有改變也是理所當然」，在看待薪資的方式上從出發點就不一樣了。然而日本的實質薪資實際上是緩緩下降的，但員工卻沒有抗議。因此首先勞資雙方要有的共識是「薪資是會調漲的」。

日本的員工接受公司訂定的薪水，員工雖然認真，但得到的卻是跟工作內容不相符的低薪。

特別是工作流動率低的領域，薪資並

不對外公開，所以員工也不會注意到自己的低薪有多低。

因為新冠疫情的關係，醫院不再發放獎金，醫療從業人員陷入困境，很多人知道這件事後大為震驚。一般公司也有「那個被冷凍的部長年收竟然有一五〇〇萬日圓」之類的例子，被揭露後有些員工才覺醒。薪資的市場資料不夠流通，所以勞工是處於沉睡狀態的。

過去的薪資都是由工會團體在交涉，但今後不論是薪資或勞動環境，應該進入個人交涉的時代了。由於人手不足，所以從年輕人到銀髮族、國際人才等都在勞方市場，看護和托嬰等環境也會因每個人的狀況而不同。包含非官方等個別薪資的交涉開始起步。在國外，薪資的個別交涉也是很普通的事，因此日本一定要讓勞動條件的個別交涉機制適用於社會全體才行。

對企業而言，延長高齡員工的雇用和調整非正職員工跟正職員工的差異會提高總人事費用，這應該會讓公司頗為煩惱。但請注意，這並非是要企業毫無頭緒的胡亂調高薪資，而是對於值得的人提供理想的報酬，將薪資調整成最適合的分配方式，這才是最重要的。無法提供高薪的話，就招不到好人才，如此也不會有新創意產生，企業的競爭力也會下滑。企業對薪資的發放，如果不報以「投資後才能得到相對的報酬」這樣的認知，將無法離開惡性循環。

日本人對於「金錢不是全部」這樣的想法根深蒂固，但往往過於在意公司想法而導致過勞。但除了金錢方面，日本人對生活和休閒娛樂的滿意度也很低。

日本人的富足到底是什麼，是時候重新定義了。



中村天江
——Recruit Works研究所・主任研究員

# 2

## 「過於特殊的日本型雇用」

村上臣

美國 LinkedIN．日本代表

Murakami Shin


大學時代與友人成立新創公司電腦隊。二〇〇〇年進入雅虎，二〇一二年起任職手機事業企畫戰略的執行役員。二〇一七年從事現職。

日本在全球化的人才爭奪戰中會輸掉的主因，是因為薪資過低和過於特殊的日本型雇用，這兩點有非常緊密的關係。

首先是薪資。

分析 LinkedIn 中科技相關的工程師或專案管理師、資料科學家等徵才情報會發現，日本業界的薪資比起美國矽谷低非常多。

另一方面，經營阿里巴巴集團或是抖音 APP 的百度等中國企業，為了跟矽谷競爭，所以薪資也給得相當大方。印度各事業部的最高執行者的薪資，也都跟矽谷的薪資有同樣水準。

除了薪資以外，日本的工作型態也是不利的一點。

從外國人的觀點來看，業務內容或職位全由公司決定的「日本式成員型雇用」是讓人無法理解的。不只歐美，包含東南亞在內的外國人，主流思想都是「自己的職涯由自己做主」。對他們而言，好不容易在專門領域磨練到一定程度，沒想到公司卻宣布「明年春天你要調到別的部門」，或是在東京都內買了獨棟公寓準備開始自己的人生藍圖，卻被公司告知「下個月你要調到北海道」，見識到這樣的現象，自然沒有人想在這樣的日本工作。

當然，日本人樂在其中的成員型雇用待遇絕對不差。以終身雇用為前提，像是提供房租補助或較為優惠的房貸利率、家族津貼、葬禮津貼等等，大公司竟然還有「從搖籃到墳場」這種全包式的福利。就算基本薪資低，但算上家族全體這種「看不見的年薪」其實還是相當不錯，只是如果轉職到其他公司，這些福利可能就沒了。

但這樣的前提是二戰之後以製造業為重心的模式，也就是「先生在工廠上班、妻子養家育子，一家大小全心貢獻給公司」這種工作方式。

然而現代女性在工作與家庭的兼顧上非常辛苦，可說是戰後日本產生的「系統化人種歧視」現象。隨著數位轉型的時代到來，社會構造也需要從基本上開始改變才行。

如此一來，個人也不必完全依賴公司，還能提高自己的市場價值，這很重要。自己的職涯只有自己能規劃。

在國外，員工就算無意換工作，也會蒐集各家公司資訊，隨時審視自己的市場價值。我也是從出社會之後開始，每年年底都會回顧自己這一年來成長了多少，並養成更新履歷的習慣。

# 3

## 「薪資調漲重要的是政府、勞方、資方三者合意」

**神津里季生**

連合・會長

Kouzu Rikio


一九七九年東京大學畢業後，任職新日本製鐵（現日本製鐵）。一九八四年任該公司工會專任。歷任基幹勞連中央執行委員長等。二〇一五起為連合第七任會長。

對企業而言，「不調（薪）也沒關係的話就不調」這種狀況已經持續很久了，所以日本的經濟每況愈下，跟其他先進國相比越差越大。就算個別企業依照自己的情況有所對應，但從整體經濟來看仍然是壞的結果，不愧是「合成的謬誤」。

一九九七年之後，日本薪資持續下降的理由之一，就是非正職雇用的擴大。

對只追求眼前利益的公司而言，非正職是很方便的勞動力，但是對勞方來說，如果依照資方的情況改變契約期間或內容，隨時可能會聽到「已經不需要你了」，所以非正職是很不安定的雇用形態。勞動市場的機制想要翻轉的話，一定要秉持「既然這份工作不安定，就要給我高薪」的思維。然而實情卻非如此，待遇很差的非正職員工，本來占全體雇用者的二成，但之後占比卻越來越高，現在已經占了四成。就是這樣薪資才下降了。

薪資調漲對國民經濟具有很大的影響力。

因此薪資調漲不能只是勞資交涉結果的集合，而是需要政府、勞方和資方三者一起達成共識。

第二次安倍政權在二〇一三年、二〇一四年召開政勞資會議，促成了春季勞資交涉薪資調漲的趨勢。中小企業的生產力提升和非正職的工作方式等重要議題堆積如山，政勞資會議卻只召開兩年就結束，分科會也不見發展，因此錯失了提升全日本整體薪資的機會。

只看聯合春鬥的話，中小企業的基本薪資超過大公司、約聘員工的時薪也大幅超過正職，雙方的差距的確有所調整了，但日本的工會本身就是偏向大企業的，勞資交涉的結果會如何影響社會整體，是需要政府、勞方和資方一起討論的。法國的工會組織率只占整體的七％，然而勞動契約卻適用於九成以上的勞工。這種合意行為也很值得參考。

受到新冠疫情的影響，有些經營者表示：「別說調薪了，就連做生意都很困難」。

但影響比較輕微的產業，明明可以調薪卻不調薪的話，日本經濟就會變得更弱。

薪資想要提升，就需要營造一個能夠讓人們安心發聲的社會，因此雇用的安全網是不可或缺的。而政府也需要透過職業教育或就職支援等制度，讓勞工能夠媒合到自己想要的工作，也能讓開缺的職位找到合適人選。如何建立雇用安全網呢？我的建議是，例如企業可以出借平板給勞工用以磨練自身的技術，等到能夠自力更生後再歸還公司。

埼玉縣川口市一隅。附近全都是中文招牌。

從外界看來，「廉價日本」對擁有豐厚資金的外國人來說，是非常好的目標。

CHAPTER

# 3

## 「被買走」的日本

### ——外國人如何買下日本？

二世谷地區的主要幹道，沿路新建築林立。

## 1 —— 二世谷被買走

以有著閃亮粉雪而聞名的北海道二世谷地區。

「房租變貴了，只好從郊外花一小時開車通勤到公司。」

「連拉麵都要二〇〇〇日圓。本地人根本吃不起。」

一名冬天在二世谷餐廳打工的女性，說了這些話，感覺並不是「廉價日本」會發生的事，這個現象倒引起了我的興趣。二〇〇〇日圓的拉麵已經超過「觀

自稱每年都會來玩的澳洲觀光客。

光地售價」了，這到底是什麼地方呢？

二〇一九年十一月底，我飛到了大雪漫天的二世谷地區。

從新千歲機場（北海道千歲市）開車過去大約要二小時。

好不容易到達市中心，穿越凍結的主要幹道「比羅夫坂」後，可以看見高級大樓林立，一樓是咖啡廳或餐廳。招牌幾乎都是英文，擦身而過的人們也幾乎全都是外國人。

感覺自己到了國外旅行。

我遇見了從澳洲來的七人團體，詢

問他們為什麼要來二世谷？他們這樣回答：

「這裡的雪質最好，所以每年都會來。」

「住宿也很便宜，所以每年我都會來。」

他們異口同聲的講著二世谷的魅力。

## 二世谷的地價上漲率在日本名列前茅

那麼，重要的房租和物價又如何呢？

「店租一個月約四〇萬日圓。雖然只有冬天營業，但一貼出招租告示，就馬上被租走了，所以可以靠店租過一整年。」在市中心賣印度料理的印度男性這樣告訴我。

冬天在滑雪場附近會有小貨車開過來賣東西，全天營業。商家房產的所有人是澳洲人。馬路對面的房產是香港人持有。

「二世谷滑雪或坐纜車都比其他國家便宜。」
NAC 的羅斯菲德勒社長表示。

咖啡廳的女店員嘆氣道：「這附近想要租間小套房都要超過六萬。」比札幌市中央區的行情（四．三萬日圓）要高上四成。

根據北海道整理的基準地價，二世谷俱知安町樺山地區的上漲率，二〇一九年是六六．七%，已經連續四年都是全國住宅區第一名。二〇二〇年也有二九．二%，排名第三。沒錯，作為日本鄉下地方的小鎮，這是罕見的爆漲。

這樣的現象，起源於外國觀光客的急速增加。

二世谷地區的俱知安町、二世谷町和蘭越町，這三個町被稱為「二世谷觀光圈」。

該觀光圈的外國住宿客，二〇一八年度約六十八萬人，是十年前的四倍。瞄準了外國觀光客商機的外資企業開始拚命在二世谷建造高級飯店或公寓住房，結果造成營造業和觀光業等在雪山工作的移入者找不到地方住，附近地區的公寓房租也水漲船高。

回顧二世谷的歷史可以發現，在泡沫時期跟其他地區一樣，此地都以度假勝地聞名，然而隨著滑雪風氣衰退，觀光客也銳減。但在二〇〇一年美國發生多起恐攻事件後，原本跑去加拿大或美國滑雪的澳洲客人就找到了這個「安全且比較沒時差」的地方。

外國熱錢開始流入是在這之後的事。

當時正在重整中的西武控股於二〇〇七年將滑雪場和飯店賣給美國金融巨頭花旗集團。現在則是由馬來西亞的複合企業ＹＴＬ集團經營「二世谷 Village」，並持續進行大型投資。

二〇二〇年十二月，美國萬豪國際集團在日本開設了第一家麗思卡爾頓度假酒店，是麗思卡爾頓酒店中最高級的品牌，全世界只有五間。而高級飯店凱悅也繼東京、京都之後，選擇二世谷作為據點。

現在二世谷地區的五大滑雪場中，就有三家是由外國企業經營的。

二世谷竟成了日本國內的「昂貴日本」。

儘管如此，從全球價位來看，二世谷仍是非常便宜的。

英國不動產 Savills 於二〇二〇年十二月針對全球滑雪勝地所做的調查中，公布了每平方公尺的住宅價格，其中二世谷是七九〇〇歐元（約一〇〇萬日圓），為全球第三十四名。

第一名是法國谷雪維爾一八五〇的二萬五三〇〇歐元（約三二〇萬日圓），二世谷便宜了七成。

第二名是美國科羅拉多州的阿斯潘（二萬二一〇〇歐元，約二八〇萬日圓）、

圖表 3-1 跟全球滑雪勝地相比，二世谷顯得很便宜

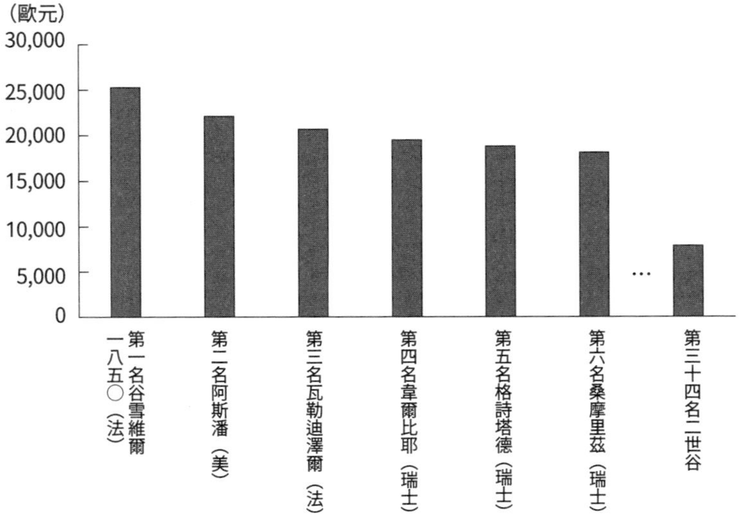


**出處**　英國 Savills「THE SKI REPORT（二〇二〇／二〇二一）」
注　一平方公尺的住宅價格

其他還有瑞士的桑摩里茲（一萬八一〇〇歐元，約二三〇萬日圓）跟之後的法國夏慕尼（一萬零七〇〇歐元，約一三五萬日圓）等著名觀光勝地，二世谷跟這些世界有名的地區相比，價格是格外的低廉。

我詢問了二世谷當地的不動產公司，對方表示二世谷的房產投資利潤「好的時候有七%」。跟全球的滑雪勝地平均值五%相比，的確更好賺。

在二世谷提供了二十五年以上的戶外遊憩活動的NAC（北海道俱知安町）羅斯菲德勒社長也明白指出：「跟歐美的一流觀光勝地相比，二世谷並不貴。」

## 沒在怕疫情？海外投資「買下」日本

對日本人而言很昂貴，但從全球觀點來看，土地還有便宜發展的空間。

因此，二世谷的人流或金主近年來主要都是外國人。

從市中心開車約五分鐘，一棟棟小別墅並排在兩旁，使用嶄新木頭建造的牆壁上鑲著顯目的大窗戶。打開其中一棟的門扉之後，映入眼廉的是挑高的空間，螺旋型階梯往上延伸，給人十分寬敞的感覺。

寢室有五間，二樓的客廳可以提供十四人以上一起用餐，簡直像高級住宅的樣品屋。從室內泡湯處和露天溫泉可以看見當地人稱為「蝦夷富士」的雪白羊蹄山。

「這間公寓住宅是在二〇一八年才剛蓋好的。」當地不動產公司二世谷 **Real**

可以看見羊蹄山的寬敞客廳。就算要價五億日圓，還是被亞洲的富豪買走了。

Estate（北海道俱知安町）的販賣管理部長森廣浩二郎說。

一棟別墅高達三億到五億日圓，然而剛蓋好的十二棟裡，已經有八棟被香港及其他的亞洲人買下了。屋主在冬天來到這裡當別墅使用，還有的是以一晚數十萬日圓當成旅館出租。

「我想要買旅館或是公寓住宅。」森廣的一天，從確認英文信件開始。

顧客有九成以上都是海外的富人，也有冬天滑完雪之後直接到公司來詢問的外國人。森廣的「客戶名單」中，有著從公司經營者到投資人、影視圈明星等五千五百位外國人。

雖然因為新冠疫情的擴大，外國客戶在二〇二〇年冬天大幅減少，但世界各地多出來的熱錢，還是讓外國資金的投資熱度不減。

「感覺上，外國的富人是為了應對『後疫情時代』而持續積極的投資。」

我們可以明顯看出，二世谷從土地的購買者到所有者、利用者，幾乎都是外國人。

為何日本國內的土地開發商比較少，當地的不動產企業認為，這是因為「能以高價購買的幾乎都是國外富豪，國內比較沒有這方面的人脈，所以沒有自信能夠全部賣出去。」

「那裡也會蓋很大的公寓住宅哦！」

超商店員指著的那一端，是用白色遮音牆圍住的一大片土地，數輛大卡車交錯通過。牆壁上寫著「新加坡高級住宅開發領導公司」。ＳＣ環球發展有限公司預計將於二〇二一年左右，落成最高約十億日圓的頂級豪宅。

## 開心不起來的當地人

這樣國際化的二世谷，卻因為房租高漲，讓以「廉價日本」為生活準則的當地住民感受到了生活的壓力。

「太貴了住不起」，部分當地年輕人因而離開了自己的家鄉。

「我打算老了以後把房子高價賣掉，再搬到方便的札幌去。」一位五十歲的當地男性表示。

不止房價如此。

「漢堡套餐要二〇〇〇日圓。」

「咖哩一五〇〇日圓。」

市中心的商家菜單價格都如此的昂貴，超市裡還有「五萬日圓海膽」，讓日本觀光客看了大吃一驚。

某位在東京都內科技公司上班的男性（三十九歲），在二〇一九年時帶著從海外分公司過來的外國同事去二世谷旅行。他還記得當時居酒屋的拉麵要價三〇〇〇日圓。

「明明是日本，卻那麼貴。」

男性的年薪是一一〇〇萬日圓，絕對不是低薪階級。

即使如此，他還是覺得「真的沒辦法常來」。

只是，對於日本人來說，這樣的價格雖然貴，但從世界標準來看，卻是便宜的。這對習慣「廉價日本」生活的人來，說是一個陷阱。

這位男性所住宿的飯店，雇用的員工都是日本人，但大多數客人都是東南亞的富人。在旅館的酒吧裡，他們不停的點著高級香檳。

這樣的光景，彷彿是數年前自己在東南亞的海灘度假區的再現。

二世谷不斷的湧進超乎想像的外國熱錢。

外國人帶來的固定資產稅和旅行消費額雖然為城鎮帶來收入，但現實是當地人一點也開心不起來。

購入不動產的屋主因為住在國外，所以靠房產賺來的錢沒有花費在城鎮內。

觀光業的外國員工也是在夏天回到母國後才開始消費。

「從一整年來看的話，進到非當地人手裡的錢比進到城市本身的錢多。」二世谷町企畫環境課表示。此外像是引進住宿稅或是建構一個能夠經年長住的制度等檢討方案也被提了出來。

「跟世界上其他滑雪度假區比起來，二世谷相對低廉。由於利潤很好，（外資）看準了這塊，應該還是會一直前來開發吧。」

日本經濟新聞的〈廉價日本〉連載中，二世谷的報導刊登於二〇一九年十二月十一日。

俱知安町議會的女議員引用了報導的數據表示：「報導中指出我們的觀光方針

並不是追求最大化，而是追求最適合的方案。那麼方針在哪？」

文字一志町長回答：「全國各觀光地有賺錢的大多是民間機構，但是行政自治體本身卻面臨悲慘的局面。在這樣的狀況及環境下，要如何跟國際觀光勝地和世界的經濟潮流共存、要如何讓自己的生活更好，是需要思考的一件事。」

這樣持續被外資買走的二世谷，未來會如何呢？

跑市中心的高齡計程車司機說：「比以前好一點啦。雖然現在還是不會講英文，但至少只要知道（外國觀光客講的）地名就可以做生意了。」

近年來長野縣白馬村或沖繩縣宮古島市，也漸漸的「二世谷化」了。

這些都市能夠描繪出不是隨著海外熱錢起舞，而是能夠帶動地域成長的藍圖嗎？

這個問題在不久的將來，將會是全日本的課題吧。

# 2 —— 技術被買走

從外界看來的「廉價」，也有著被第三者買走的危機存在。

就算是企業跟技術也不例外。

根據 RECOF 公司的調查，二〇一八年中國企業併購日本未上市公司的件數，光是明文公告的就有二十五件，比二〇〇八年成長了六倍。

之後因為中美貿易角力跟新冠疫情的擴大等因素，併購潮暫時歇息了一陣子，但近年因為經營不善或沒有繼承人而瀕臨倒閉邊緣的中小企業被外國企業買走的例子也倍受矚目。

併購仲介業者表示：「以製造業為重的零件商或民生用品廠商雖然有技術，但日本大公司沒興趣，所以這些公司被外國企業便宜買走的例子越來越多。」

「位於長野縣深山裡，只有幾個員工的精密機械公司被悄悄的買走了。」這樣的例子比比皆是。

某間中國投信最近併購了製造電子零件的關東地方中小企業。該投信的高層微笑著表示：「競標時沒有其他人，所以最後用很便宜的價格連同工廠一起買了下來。」

像這類例子，通常多是以「日本技術外流」的說法被報導，但對於原本的中小企業而言，也有很多案子是員工的構成不受影響，只是財務重新整合。

以下先不論便宜與否，要介紹幾個實際被中國買下之後重建的中小企業案例。

神奈川縣大和市的科學園區。

電子零件廠商新 SHICOH 科技在這裡有間小辦公室。裡面有幾台電腦，十四個員工看著圖面進行開發。

它的前身是 SHICOH，創立於一九七六年，九〇年代的產品小型馬達曾被美國英特爾採用。也曾經是美國蘋果的供應商，提供蘋果用於智慧手機相機的致動器。雖然有這樣的技術，但在跟蘋果的合作結束後，二〇一二年開始陷入經營危機。

SHICOH 原本以為會得到合約贊助商美蓓亞三美的支援，但卻因為交涉不順利而告終。所以最後賣給了中國上海以手機用馬達為主力的某電子公司事業部（現爲新 SHICOH 科技）。

中國的手機市場業績很好，在當地設據點很有魅力。

二〇一六年，股東換成了中國新思考電機。

新 SHICOH 研究開發部的星光文因為每個月都要去中國出差，所以跟中國當地企業建立了深厚的關係。「能了解最先進的技術潮流是很好的事。」他說。

該公司製造小型零件的技術深受好評，現在幾乎所有的出貨量都用於中國製手機。二〇一九年的出貨量約一億六千萬個，二〇二〇年約二億四千萬個。

星光文表示：「中國員工在工作表現上感覺和日本員工沒什麼差異。」

## 不再「日本」的小鎮工廠

中國最大的國營企業中國中信集團的中信資本控股（東京千代田）於二〇〇四年至二〇一九年合計約砸了三五〇億日圓，買下了十四家日本中小企業。其中一間是二〇一五年被買下的 MORITEX（埼玉縣朝霞市）。

該公司生產的是不會歪斜的高度精密透鏡。MORITEX 被併購之後，工廠移到中國以減少成本，販售自動化工廠的檢測機器，價格也隨著技術而適當的調漲。

中信資本控股高層表示，MORITEX 的優勢在於「少量又具機動性的生產力」。

生產開關的神明電機（川崎市）在二〇一二年被中國大連鵬成集團併購，主力產品從電腦零件轉型為單價三倍的汽車零件。

二〇一九年開始，神明電機針對中國汽車廠商開始量產車門的開關。

「因為是很注重高品質的廠商，所以一拍即合。」山本均副社長說。

買家不只來自中國。

位於大阪市東南部的某間老字號纖維機械工廠。倉庫裡並排著寬達三公尺的大型裁布機器。

公司開發以電腦控制的自動裁布機，外銷到成衣廠的海外工廠。母公司現在是台灣企業。

數年前，創辦人決定退休，當時留下的員工超過十人，而且沒有後繼者。

容易陷入價格競爭的自動裁切機需要源源不絕的開發資金，然而主力銀行卻以「由於沒有繼承者所以長期信用不足，無法再給予融資」拒絕了該公司。在海外方面，MORITEX 對於國際化的應對也不夠好。

這時伸出手的是台灣同業的大公司。

「自動控制系統對其他公司來說沒有價值。我們願意出資，請你們不要停業。」台灣方如此說服。

「他們跟當地的外包商關係很好，可以擴大通路。」MORITEX 決定賭上一把。

據說併購額等條件也不錯。

併購之後，賣到印尼或韓國的通路也變大了。由於加強了開發跟生產，所以利潤也成長了一〇%。另外也從其他製造業挖來了日本廠長，開發了裁切汽車遮陽布的裁切機，能夠切斷較硬的布料。有很多零件廠商跑來洽談主力商品的生意。

這些例子都是地方小鎮的中小企業不斷併入亞洲國家企業的現實狀況。還有些公司是「為了防止倒閉，所以把中國企業視為救命的繩索。」

依據帝國數據銀行表示，透過亞洲企業的資金來經營的日本企業，在二〇一七年年底時上升到了一七一二間公司（包含亞洲企業的日本法人）。

其中中國企業出資五一%以上的有四四八間，占最多數。

中國對日本的投資原本就一直在增加。

據日本貿易振興機構（JETRO）表示，二〇一九年年底中國對日本的直接投資餘額，跟二〇一八年相比成長一成，為三十三．九兆日圓，創下史上新高。而亞洲

圖表 3-2 中國買下日本未上市企業的併購件數增加

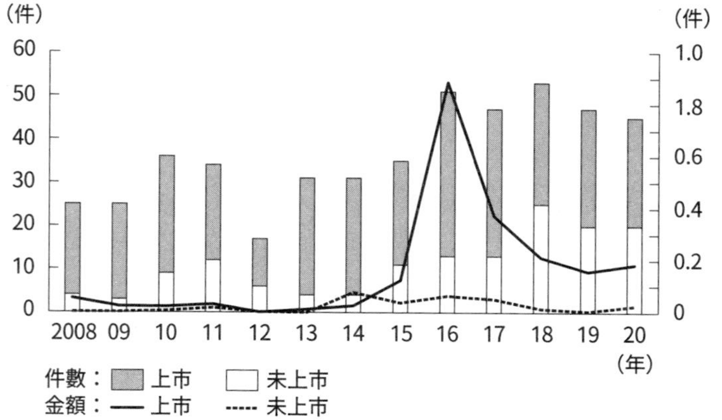


出處 RECOF

的投資餘額則首次超過兩成。

金融服務業等非製造產業受到牽制，JETRO 表示：「透過國際電商被爆買的民生用品廠商，將會是之後被併購的對象。」

受疫情影響陷入經營危機的地方旅館，也可能成為下一個目標。

過去中國企業的產品被認為「便宜但品質差」，但靠著吃下「便宜且品質好」的日本企業之後，品質也成長了。

二〇一〇年中國電動車大廠比亞迪買下汽車用透鏡模具大廠 OGIHARA（群馬

縣太田市）工廠，一時蔚為話題。

比亞迪現在是中國電動車市場第一品牌，背後有著 OGIHARA 的技術做支援。

## 重整供應鏈

海外企業熱絡併購日本企業，另一方面，日本企業併購海外企業的件數也在二〇一九年達到歷年最高峰。日本大企業的視野跳過了身邊的中小企業，將目光望向海外。

「（大企業覺得）它們只是空有技術但沒人繼承的倒閉邊緣小工廠。」併購仲介業者批評。

地方銀行也不願做小工廠的後盾。

政府目前正在評估為了支援中小型企業的事業繼承，是否該放寬地方銀行出資的限制。然而地方銀行對於利潤低的小公司看不上眼。

日本的製造業是以金字塔型的供應鏈所組成。

這個構造的最頂端是電機或汽車等大廠，接著是零件商或外包廠商。

然而這種構造基本上只限於在國內發展事業的時代。在以國內販賣為前提下，依照日本大廠的想法來製造確實很好。

但在國際化激烈競爭之下，這種做法是有極限的。

中小企業為了供給海外客戶零件，在外資旗下找到了生路。

透過競標納入中國企業旗下的某關東中小製造業高層吐露心聲：「就算日本大廠出手相救，我們的產品也無法賣到國外，很有可能仍然賺不到錢。」

這是因為「當時最大家的日本客戶，每年都用便宜的價錢下單，根本就是看準了我們生意不好，什麼單都接。」

「欺負外包商」的做法雖然也受到法令上的限制，但這種業界傳統仍然根深蒂固。

事實上被中國企業買走後，靠著國際通路而起死回生的公司很多。

從反面來看，日本供應鏈被中國企業滲透也是事實，總有一天日本大企業會面臨中小企業的爭奪戰。那時就必須重整供應鏈了。

同時，日本大企業不能只抱著中小企業，還要尋找能夠支援生產、進軍海外的供應鏈。

這次採訪的日本中小企業表示，「被中國企業收購之後，日本客戶端出現『品質會變差吧』這樣的質疑聲音，所以一時之間生意變差了。」但是他們會請客戶收貨後確認品質，並帶客戶參訪中國據點取得信賴。此外，在被收購之後，經營團隊跟廠長還是原來的日本員工，「自由度意外的高呢。」

當然，並不是只有一開始就成功的例子。

日本首間開發出車床工具機的廠商「池貝」（茨城縣行方市）在完成民事再生程序之後，於二〇〇四年納入中國重電大廠旗下，然而因為通路不同，無法產生加成效果，所以池貝在二〇一四年又賣給了同行的台灣工具機大廠。

中國經濟發展趨緩加上中美貿易戰也是風險之一。

美國在前總統川普政權時代，進一步限制了將高科技技術輸出到中國的規定。

「不知道哪一天就沒辦法供貨給美國了。」部分（中國旗下零件廠）企業有些不安。

「考慮進軍美國，所以不想跟中國沾上邊的中小企業也是有的。」某證券公司戒慎恐懼的表示。

然而，拯救這些水深火熱的中小企業是不能等的。

東京商工調查公司表示，以「沒有後繼者」為由，而於二〇二〇年倒閉的國內企業，實際上跟二〇一九年相比，增長了三七%，達到了三七〇件。

東京商工於二〇一三年開始實施這個調查，調查結果突破三百件是頭一遭。「原因在於人口減少跟高齡化，加上遭逢疫情。」該公司表示。

全日本社長的平均年齡在二〇一九年年底時是六十二・一歲。是二〇〇九年之後最高的數字。

業績不振的公司無法培育後繼者，因為事業無人繼承。

占日本雇用人數七成的中小企業如果消失的話，員工失業的比例也會變高。亞洲企業已經開始瞄準擁有優良技術的中小企業，日本企業和亞洲企業的爭奪戰將越演越烈，這一點希望大家能有所認知。

併購企業和技術時要抓準適當的價格，避免錯過買下的機會。

## 3 —— 崩壞的日本傳家寶 ——「動漫」

薪水比世界水準低，這樣會發生什麼事呢？

無法爭取到世界優秀的人才，這點在第二章已經講過了。

然而問題不僅如此。

可怕的不是搶輸人，而是「人才的出走」。

東京都町田市住宅區一棟公寓。

搭電梯上了五樓後，進入一間小房間，幾名年輕的男女拿著觸控筆，在很大的平板上畫著像是神社的圖畫。

這是一間名為 **Colored Pencil Animation Japan** 的動漫工作室。

他們正在繪製中國的《全職高手》等人氣作品。沒錯，**Colored Pencil** 是中國重慶市動漫工作室「彩色鉛筆動漫」的日本據點，為了支援中國的動漫製作，於二〇一八年成立。

最近像「彩色鉛筆動漫」這樣，以日本為據點雇用日本動漫創作者的中國企業

在東京都町田市混合大樓，正在製作中國的人氣動畫。

變多了。

在中國，雖然動漫深受歡迎，但從國外來的網路影音娛樂卻必須遵守重重規範，大約從二〇一八年起，對於購買日本動漫亦有所限制。因此，為了加強自己公司的播放內容，影音公司採取的策略是自製產品，亦即「日本品質的自製化」。

彩色鉛筆動漫（Colored Pencil）是由中國網路巨頭騰訊控股旗下的閱文集團所出資。

騰訊的通訊軟體「微信」在日本也非常有名，騰訊也是世界首屈一指的遊戲開發大廠，在國際股市的股價總值上跟GAFA並列，排入前十名。另外它也經營影音媒體平台「騰訊視頻」，發展自有的串流平台，在該平台上就播放了全職高手等動漫影片。

負責繪製的便是**Colored Pencil**。

也就是說，這樣的中國巨擘，在將日本的製作公司納入旗下之後，就能運用豐富的資金製作出高品質的自製影片，並在自家平台獨家播放。

中國企業之所以能夠收編日本的動漫創作者，原因在於市場的擴大把待遇提高了。

調查公司帝國數據銀行的飯島大介調查了動漫產業的動向，他認為：「對於市場不斷擴大的中國而言，他們非常渴望能找到日本的動畫業界人才。由於中國企業付得起日本年收三倍的薪資，今後日本動漫人才被中國挖角的例子會越來越多。」

事實上，**Colored Pencil**跟日本的製作公司，在對員工的待遇上有非常大的不同。**Colored Pencil**雇用畫師為員工，新人的薪水比業界高，約十七萬五〇〇〇日圓。

通常是彈性上下班，只有忙的時候要加班，但也能夠補休，工作環境良好。另外也會提供居住及交通津貼。

Colored Pencil 的執行長江口文治郎表示：「為了爭取優秀的人才，整頓漫畫家的待遇及環境是最優先的。」

## 工時長又低薪

這樣的背景在於日本動漫創作者的薪資過於廉價。

動漫產業雖然被稱為「日本的傳家寶」，但事實上工時長薪水又少。

一般社團法人日本動漫．演出協會（東京千代田）在二〇一九年的調查中指出，日本動漫創作者以正職身分工作的只有十四%。去除部分大規模的製作公司後，有一半以上都是簽約型式的 SOHO 族。

動漫創作者的平均年薪約四四〇萬日圓，一個月的休息天數為五．四天。

部分調查甚至顯示新人的年收只有約一一〇萬日圓。

對現在收入滿意的動漫創作者只有不到三成，有八成擔心年老後的生活，並且覺得精神負擔很重。

任職廣告公司的中山隆央熟稔動漫業界，他批評道：「換算成時薪的話，不到一〇〇日圓，為了生計兼職打工的人很多，動漫界是把夢想當成誘餌的剝削。」

日本的動漫創作者薪資會這麼低，是出於結構的問題。

動漫的製作方式是由出版社或電視台等多間企業出資的「製作委員會」方式來執行。

現在日本的動漫產業有一半以上的業績來自海外，而海外或周邊商品販賣等版權相關利潤，大多會進到廣告代理商或電視台這些出資的製作委員會手裡。就算作品再怎麼大賣，沒有製作委員會出資的話，原本的製作公司也拿不到這些錢。

當然在這麼多作品中想要爆紅的機率是很小的，所以製作委員會背負著較大的風險，因此出資的公司分散一點是有好處的。

然而。「以製作委員會方式製作的話，只能做出預算內的作品。周邊或音樂等等每家公司的立場都不同，大家想要達成共識會很花時間。」中山表示。

另一方面，在製作美國或中國的作品時，交涉的對象就只有一家。

為了取得良好的品質跟成品，中美在預算上當然給的很優渥。事實上 Colored Pencil 從美國或中國公司拿到的案子，取得的製作費用是日本動漫界的二倍。

一般社團法人日本動畫協會（東京文京）表示，日本動漫產業市場的規模已經連續十年增加，二〇一九年跟二〇〇九年相比成長約二倍，為二兆五一一二億日圓。《鬼滅之刃》紅遍各地，電影方面則有新海誠導演的《天氣之子》票房突破一四〇億日圓，前景一片光明。

另一方面，二〇一九年動漫製作公司（二七三間）的總營業額合計為二四二七億日圓，僅占市場規模的一成。

然而製作公司拿到的錢沒有增加，經營困頓持續。日本雖然有二百七十間以上的製作公司，但依據帝國數據銀行資料顯示，經營呈現赤字的動漫製作公司在二〇

圖表 3-3 日本動漫界的製作公司賺不到錢

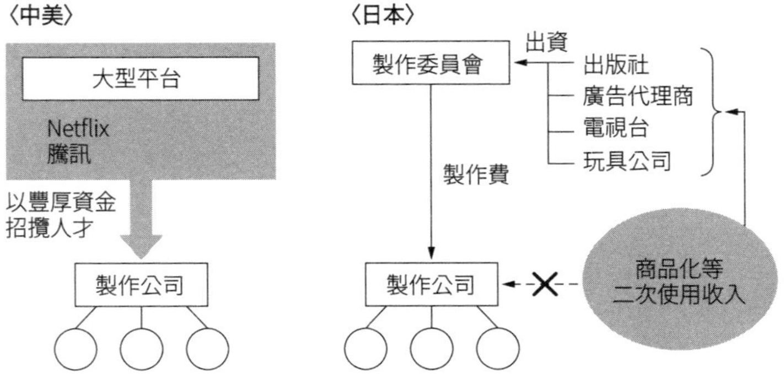


一八年超過三成，是過去十年來最高，破產跟解散的公司也是歷來最多。

雖然二〇一九年有所改善，但某製作公司的高層主管表示：「外包單價一直調降，人手不足所以想要擴大產能也沒辦法，這樣就陷入了惡性循環。很多公司是只要有人離職就無法接案，造成經營赤字。」

無力的經營環境也削弱了動漫業界的成長力。

某位擔任動漫原畫繪製的東京都四十歲男性，由於沒有工作室所以都在自家畫畫，再由員工開車來拿成品。過著幾乎沒人可以說話、也見不到人的孤獨生活。

「不止性格會變陰沈，無法靠這種方式過活而辭職的人也很多。現在的作品要求比以前更精細、更耗費時間，但酬勞仍然維持著一張圖幾百日圓。由於工作滿檔，所以也無暇去學習電腦繪圖。」

就是這樣，不僅無法培育人才，技能也變得空洞了。

## 日本成爲中國的外包廠商

Colored Pencil 的江口執行長過去曾有過這樣的煩惱。

「這樣的品質無法播出啊。」

有一陣子，因為 Colored Pencil 的人手不足，所以發了外包給其他的日本製作公司，結果收到了中國總公司嚴厲的回應。

江口執行長指出：「中國有著龐大的資金，在電腦繪圖上的設備也一應俱全，動漫的品質已經非常好了。日本由於待遇差所以品質也變差，這樣很可能會造成業界停滯不前。」

在中國影音大公司內，已經開始出現了「除了日本頂級工作室之外，不要外包給其他便宜但品質差的工作室」這樣的聲音。

中國的求職網顯示，動漫創作者的平均月收，杭州是三萬四〇六二元人民幣（約五十二萬日圓）、北京約三萬元人民幣（約四十五萬日圓）。受到影響的還有手遊等動畫。由於收入極高，在中國的美術大學學習素描等四年的基礎技術後跑去做動漫的例子很多。

被稱為中國版「Niconico動畫」的影片分享網站「Bilibili」，投注資金在日本的動漫製作委員會上，學習日本的動漫技術。並且大力資助在專門學校學習動漫的中國學生，這些作法將中國的國產動漫品質一口氣提升上來。

「過去中國是日本的外包商，今後可能要倒過來了。」江口執行長說。

技術的傳承若沒有進展的話，最終會連海外的單子都沒有。

也就是說「被買走的技術」是業界的另一個問題。

想要培育人才跟投資設備以提升生產力，需要穩定的利潤。製作委員會這種方式雖然可以分散風險，但在全球化競爭下的利潤分配機制也是不可或缺的。

## 4 —— Netflix 的製作費是 NHK 的五倍

海外的影視平台大廠，其收益來源是全球會員的觀看費用，所以製作費也大幅超過日本。

因此不只中國，連美國的影音平台都對日本投以熱烈的目光。

Production I・G（東京都武藏野）曾經製作過人氣動漫《攻殼機動隊》。該公司從二〇一八年起開始每年都以自創的製作內容跟 Netflix 合作。

日本某製作公司社長對於 Netflix 龐大的製作費表示：「甚至有高達日本三倍預算的案子。」

外國企業開始招攬日本創作者投入製作電影或戲劇。

「日本的著名導演離開電視台或製作公司，開始跟美國亞馬遜等影音平台合作的案例增加了。似乎是因為可以自由製作想拍的作品。」某電視台相關人員說。

Netflix 於二〇一九年投資的成品，規模約達一兆五千億日圓。

這是 NHK 年間製作費的五倍之多，就算日本的主要電視台全部加起來也不及這個數字。

Netflix 於二〇二一年二月表示，將在日本培育動漫創作者，對於合作的日本製作公司開的補習班亦提供支援，並負擔學生的生活費及學費。學生畢業後可以在 Netflix 創作自己的動漫作品，屬於一條龍全包的方式。包含動漫在內，Netflix 從二〇二一年起播放了超過二十五部日本原創的作品。

騰訊也在二〇二〇年宣布，有關戲劇等影片製作費用在今後三年內要調升到一千億人民幣（約一兆六千億日圓），是過去的二倍。

為了防止「低廉製作費」造成的日本動漫核心停滯，必須提高生產性，因此需要調整「業界基準」這樣血汗的工作環境。

二〇二〇年的《寄生上流》是韓國電影史上第一部獲得美國奧斯卡獎最佳影片的電影。這部電影的製作費約十二億日圓，跟美國好萊塢電影相比絕對不高，但員工的薪資及工作時間完全依照合約執行，因此倍受矚目。

音樂演唱會或現場 live 等娛樂界還殘存著許多血汗惡習。為了讓「Cool Japan」（注：日本政府對國際推廣日本文化軟實力的宣傳計畫與政策）不要以幻滅做終結，首先要保障員工拿得到相對應的報酬，並製造一個友善的勞工環境。

# 5——從最新的「外國人街」學到的事

第三章的開頭提到了「被買走的二世谷」。

如果再這樣下去，很有可能外國人會繼續買走日本的土地跟企業，到時候，日本人該怎麼與之共存呢？

我來到了在日本以外國人眾多而知名的地區——埼玉縣川口市。

**「不可以亂丟垃圾」**

**「中國人是猜疑心很重的民族」**

這樣引人注目的標題出現於二〇一〇年三月發售的週刊報導上。

「居民有三三％是中國人的『中華街區域』」，當地週刊用了這樣聳動的標題報導。

這個「中華街區域」就是川口市的「芝園團地」。

跟以「三大中華街」觀光地而聞名的橫濱、神戶、長崎不同，住在所謂「中華迷你街」的中國人越來越多，如今，像這種郊外的外國人街在日本有逐漸成型的趨勢，川口也是其中之一。

芝園團地是在一九七八年建設的巨大住宅區，總共約十五棟。

這裡大約有四千五百位住民，其中竟然有一半以上是外國人。

絕大多數是中國人，此外還有尼泊爾或孟加拉人。也有一些從本國公司派來這裡或在日本企業工作，把這裡當成宿舍住的人。

回顧歷史，中國在一九七八年實行改革開放路線後，移居到海外的人變多了。這些人就是所謂的「新華僑」。一九八〇到九〇年代留學生或在學生來到了東京都內，選擇住在有很多日本語學校的新宿附近便宜的房子裡。然而由於人數漸漸增多，住的地方不夠了，物價也很高，所以在池袋附近形成了中國人社區。他們再以同心圓形狀擴散，遷移到離都心約三十分鐘，交通便利又便宜、適合居住的地方。

芝園團地由於是都市再生機構ＵＲ（Urban Renaissance Agency，簡稱UR）住宅區的緣故，入住時的手續與一般租房沒有差別，這點很重要。

二〇一五年芝園町的外國居民總數超過日本人，之後也持續增加。

## 「去日本工作的人變少了」

另一方面，進入二〇〇〇年之後，住宅區內居民間的紛爭也格外醒目。

從房間掃到外面走廊的灰塵跟毛髮、散亂在住宅區內又不分類的垃圾、深夜還清晰可聞的高談闊論聲、夕陽時分飄出的油煙跟辛香料的味道——

「中國人滾回去」這樣粗暴的塗鴉隨處可見。

前面提到的週刊報導，正是在這個時期取材的。

筆者於二〇二一年一月造訪了芝園團地。從最近的車站走過去約十分鐘。

接近團地時，可以看見很多販賣中國雜貨或食品的小店。到了團地之後，道路附近有超市、理髮店跟中華料理店。

中間有個很大的廣場，一名中國男性和他年幼的女兒在玩飛高高。這位瘦小的男性表示自己在東京都內的某科技公司上班。

「日本物價便宜所以很適合居住。」

附近擦身而過的人幾乎都不是用日文聊天。

但是垃圾都整齊的放在收垃圾的地方，也沒看到什麼塗鴉。

「週刊裡寫的那種衝突最近減少了。但說不上完全沒有哦。畢竟就算是日本人自己也會跟鄰居發生爭執嘛。」

這樣跟我說明的，是自治會的岡崎廣樹事務局長。

岡崎在松下政經塾學習的時候，對多文化地區的共生很有興趣，二〇一三年時他視察了芝園團地。前年在UR管理事務所也雇了一些中文口譯者，讓居民比較能理解住在日本的規則，因此本來劍拔弩張的糾紛就漸漸減少了。

但岡崎有點在意團地舉辦盆踊祭的時候。

在中央跳著舞的是日本的長輩們，外國人遠遠的站在外層圍觀。

日本人居民雖然口口聲聲說著「想交流」，但看起來仍然停滯不前。

岡崎心中的這個疑問逐漸擴大，所以他在二〇一四年搬到了團地去。

對居民而言，岡崎也只是個外來人。

然而經過了防災講習、商店街跟學生共同合作的地方活動之後，慢慢的很多居民也漸漸卸下了心防。二〇一四年時，自治會委員中原來沒有外國籍的成員，在二〇二〇年的時候，九人中有三人是外國人。

岡崎說明道：「『交流』光用口頭講的是很難的。就算是都心大樓，只要不是搬家的話，基本上是遇不到住在隔壁的人的。」

岡崎在芝園團地很積極的舉辦餐會、太極拳等「認識別人的活動」。

「外國人和日本的不同之處在於高齡者和年輕人之間的不同，以及想法上的不

芝園團地有很多居民是外國人

同。很多人只會把焦點放在外國人和日本對立的情況上，但其實我們看到的是『要怎麼應付讓人討厭的鄰居和不認識的鄰居』這種無論是誰都會衍生出來的問題。」岡崎補充道。

芝園團地的外國人居民數，在新冠疫情感染擴大的二〇二〇年前，幾乎每年都會增加。日本籍居民幾乎都是高齡者，在移入人口減少的時刻，外國人對UR來說是非常重要的顧客。

在團地中遇到的中國人男性表示：

「我喜歡日本的安定。」

然而最近，他得知了家鄉的公司薪資

比自己現在的日本公司高出非常多。

本來他打算在孩子長大之前都待在日本的，他的心境也或多或少變成「由於日本企業在全球的存在感變低了，我希望孩子能在中國努力工作，努力賺錢。」

「從北京或上海來日本工作的人，之後可能會減少吧。」

如同這名男性所說，今後日本不再是處於買方市場的優勢地位。為了讓外國人選擇日本，理由除了「物價便宜」之外，還需要其他更具有建設性的理由，需要建立接納外國人的體制跟好好整頓環境。

芝園團地由於過去的種種經驗，帶給了我們很多反思的空間。

國際觀光景點京都。現在也出現了二〇〇〇日圓的商務旅館。

CHAPTER

# 4

## 廉價日本的未來

——新冠肺炎後，世界會變成什麼樣子？

# 1——外國觀光客泡沫化

從外國來看「廉價日本」，跟商機連結的是「外國觀光客消費」。

「日本製家電跟化妝品不只品質好，而且還很便宜，非常划算。」

從二〇一五年起到二〇二〇年新冠疫情流行之前的五年內，每年都會從中國去日本玩的小李說道。

「東京、大阪、沖繩、北海道……不管哪裡都很美，東西又好吃，而且很便宜。」

小李在北京市的自家內，擺放著電鍋或吹風機等各種日本製家電。

二〇一二年第二次安倍政權之後，由於日幣貶值跟短期簽證的發行放寬，所以去日本玩的外國旅行者數量持續增加。二〇一三到二〇一四年出現了「外國觀光客消費」一詞，二〇一五年的赴日外國人數比前一年增加四七%，遽增了一九七三萬人。外國觀光客的人數終於在四十五年後超過了出國的日本人。

二〇一九年跟前年比增加了二％，為三一八八萬人，外國觀光客在日本花費的旅行消費額總額上升到了四兆八千億日圓。

## 「爆買」熱潮背後的危機

最初吃到這股熱潮紅利的，是家電量販店和百貨公司。

中國人大量購買數位相機、電鍋、手錶這三種所謂的「日本土產三大神器」，這種瘋狂採買的現象被稱為「爆買」。接下來的新名單是化妝品、免治馬桶、保溫瓶。在華人圈的農曆春節連假時，東京、銀座的家電量販店前永遠停滿了中國的觀光巴士。

爆買告一段落之後，他們的目標從「產品」改成了「體驗」。

不論是爆買或體驗型消費，都大大支撐了二〇一四年消費稅增加之後的國內景氣。由於日本人口減少，國內的個人消費未見起色，所以政府也將觀光振興視為經濟成長戰略的一大重點。

這種爆買的情況，媒體界全部用「日本的高品質倍受觀迎」的觀點來報導。

然而當時，筆者負責跑的路線是家電量販店這一塊，我到現在還忘不了業界大廠高層說的話。他看著很多外國人擠在免稅結帳區說：「會這麼受歡迎只是因為便宜。對他們來說是比日幣貶值多更多的划算感。日本人也能像他們這樣狂買國外的東西嗎？」

購買力的轉變令人始料未及。

他接著說：「過度依賴觀光客的缺點，是會受到國際情勢的左右，所以也有風險。」

那個高層的「危機感」真的發生了。

二〇二〇年初，新冠疫情開始擴大，原本因外國觀光客而十分熱鬧的全國景色為之一變。

依據觀光廳發布的資料，二〇二〇年一月到三月的赴日外國觀光客人數跟前年同期相比減少一半，約為四百萬人。消費額也減少了四成，只剩七千億日圓。四月之後則幾乎全數消失了。

外國觀光客的旅行消費額被算在國內生產毛額（GDP）的「出口」中，二〇一九年占名義GDP的一%。也就是如果疫情無止盡的話，GDP約會蒸發一%。

但影響不只如此，最嚴重的是過去因為外國觀光客而帶動生意的地方企業或中小型企業。

徵兆已經出現了。

東京商工研究指出，二〇二〇年全國企業破產（負債總額千萬日圓以上）的件數有七七七三件。其中有二五九六件是因為外國觀光客的需求消失或外出限制等原因而受到極大打擊的餐飲業或旅館業者等服務產業。

疫情之下，浮現出日本對外國觀光客過度依賴造成的問題。在疫情結束後，也該審視如何調整觀光政策了。

當然由於國內人口減少的關係，以觀光立國的經濟政策或提高外國觀光客數量都是很重要的。日本近年來雖然外國觀光客激增，但跟其他已發展國家相比還是很少。例如觀光客為全球第一名的法國，在二〇一九年約有九千萬人造訪，觀光業一年可以產生二十一兆日圓的產值。在新冠疫情擴大之後，法國政府開始重點協助觀光產業。

日本也可以考慮針對觀光客中的富有階層課住宿稅及提供高額的服務。

## 英國人眼中「最便宜的景點」

赴日外國人增加的理由是日本的價格便宜，我找到了一篇這樣的外國報導。

英國小報《每日郵報》在二〇二〇年一月以「Where your holiday pounds will go miles further」為題，介紹了值得推薦的旅行地點。它是這樣介紹日本的。

「由於長年的景氣低迷，日本首都的價格下跌了十三％，前往東京旅遊，現在正是時候。」在「在英國觀光客心目中最便宜的十個場所」中，列出了越南或保加利亞等十個國家，比較一杯咖啡或啤酒、防曬乳、晚餐的定食等價格。合計的費用中，日本（東京）是四八・二四分（約七〇〇〇日圓），僅次於保加利亞（晴灘，三〇・六〇分）、土耳其（馬爾馬里斯，四四・一五分），位居便宜排行第三名。

報導又繼續如此寫道：

「在這十個國家中，日本是長距離旅遊景點中最便宜的目的地。」

日本的價格比印尼（峇里島，六一・四三分）跟越南（河內，五九・四九分）還要便宜，雖然這點讓人驚訝，但由於這兩個國家都是歐美觀光客眾多的地方，所以也有可能它們是針對觀光客設定了相對的價格。也就是說東京並沒有這樣做。

這樣的現實，也應該要接受了。

# 2 —— 旅館的「雙重價格」

外國觀光客風氣讓以海外富裕階層為客群的飯店或餐飲業走向高級路線，在國內形成「雙重價格」也是不稀奇的事。

所謂的雙重價格，就是同樣在日本國內，卻混雜著「便宜旅館」跟「高級飯店」兩種不同型態的旅店。

二世谷的三〇〇〇日圓拉麵就是其中一例。

讓我們來看看追不上世界成長的日本。

二〇一九年九月。

東京虎之門的老牌旅館「大倉東京」在經歷四年的整修後重新開幕。

新品牌「Heritage」的大廳使用沉穩的木質氛圍，並用插花展現出「和風」感。

在疫情擴大之前，主要接待的是歐美觀光客和日本的年長客人。

開幕當時，每一晚的平均價格約七萬日圓，是原本的三倍。

大倉飯店的高層強調：「跟其他與東京同等級的世界都市相比，這樣絕對不算貴。」每個房間都有管家和專用三溫暖，房間設計概念為盡量不必與其他客人碰到面，「我們的目標客層是重視隱私的日本和歐美富人。」實際上，在開張之後馬上因出差而住了一晚的馬來西亞男性約夫笑著說：「夜景很美，服務也非常周到，八萬日圓算便宜了。」

在凡事廉價的日本，高級飯店的數量稀少是一大問題。

美國《財富雜誌》二〇一九年版的五星飯店排行中，紐約有十間、倫敦有十二間、東京則只有四間。

澳洲的數據調查相關企業「2ThinkNow」在二〇一九年將東京選為「世界革新第二名的都市」。雖然東京是全球公認以觀光立國的國際化都市，但飯店要達到「國

圖表 4-1 東京飯店的平均客房單價很便宜

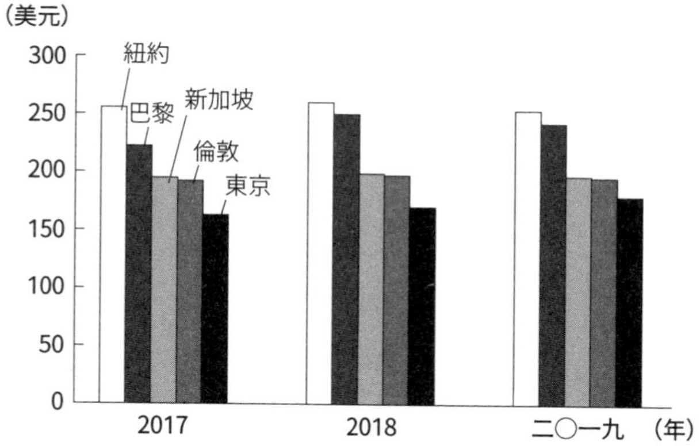


出處　STR，二〇二一

際水準」還差得遠。

依據熟悉飯店業界的英國調查公司STR在二〇二一年的資料顯示，二〇一九年東京飯店的平均客房單價為一七九．八四美元，比美國（二五四．〇八美元）便宜三成。跟倫敦（一九六．〇五美元）和新加坡（一九七．二八美元）、巴黎（二四二．九三美元）相比也是便宜很多。

「世界級水準的飯店不夠。」

二〇一九年年底，當時的官房長官菅義偉首相活用財政投資融資，想要在日本的五十個地方設置世界級的一流飯店。由於抱持著「不想住便宜旅館」心態的海外觀光客增加了，所以許多世界級奢華品牌都瞄準了東京。

然而就算是東京都內原本就是五星級的飯店，跟海外的價格也差很多。例如疫情之前的二〇一九年十二月。二位大人在倫敦預約五星飯店住宿的話，King Size 床型、五十平方公尺一晚的房價約十七萬日圓。

然而，日本在同樣的條件下只要約七萬日圓。

相較於其他同水準的外國都市，東京就算是高級飯店也不貴。

## 算外國觀光客貴一點、算日本人便宜一點

然而去大倉飯店接外國友人的日本男性職員（四十歲）表示：「如果是出差或家族國內旅行的話，一晚一萬日圓是上限了。七萬日圓根本遙不可及。」

在全國經營飯店的知名不動產業者也說：「高級飯店的客群是外國人，日本人不是這類客群。」

實際上，從大倉東京走路約十五分鐘的距離有間「APA新橋虎之門」旅館。APA飯店是日本商務客經常利用的飯店。二〇二〇年三月下旬的預約價格，十一平方公尺的房間一晚是五六四〇日圓，比大倉便宜九成以上。如果是二個人住的話，一個人約三二五〇日圓。

日本對外國觀光客和對日本人客群的價格，有著非常大的差異。

這就是東京飯店反映出的「雙重價格」。

此外，急速增加的供應量也會引發「價格崩跌」的問題。

日本另一個國際都市京都，已經開始有這樣的徵兆產生。

「京都很便宜。」

從約兩年前開始就常聽到這句話。

是什麼便宜呢？答案是飯店的價格。以京都為題材的攝影師朋友說：「好像還

疫情期間，京都市中心的人潮也變少了。

有二〇〇〇日圓的商務旅館。」

雖然有點難以置信，但實際上到底有多便宜呢？

二〇二〇年十月，我去了京都。

首先在預約階段就讓人驚訝的是包含新幹線和飯店的套裝行程價格：來回的新幹線和住宿只要二萬四四〇〇日圓。

除了新幹線票價（來回二萬六六四〇日圓）打折外，旅館也不是像青年旅館那種合宿型旅館，而是雙人床、附衛浴設備的普通商務旅館。加上這時政府也在推廣「Go To Travel活動」，所以用一萬五八六〇日圓就可成行。

寬敞乾淨的飯店在疫情之前就變便宜了。

從京都市中心四条車站步行七分鐘，進入了傳統民房林立的小路後，出現了一棟以黑色為基調的民房式旅館——HOTEL VISTA PREMIO京都和邸。

從庭園可以看見照明柔和的大廳，設計時尚，對於走累了的旅客還提供能夠坐著check in的服務。

Go To Travel以東京出發為對象開始的第一個週末，原本以為會很混亂，沒想到客人稀稀落落，十分安靜。

「『Go To』對感覺划算的高級飯店是很有幫助的。但中間價格帶的飯店在預約上反而沒想像中多。」經理溝口一憲嘆了一口氣。

受到新冠疫情影響，該飯店一月到八月的平均住房率只有約四〇%。十月之後也沒什麼起色。

當時的平均客房單價是七二〇〇日圓，是二〇一八年開幕時（一萬四〇〇〇日圓）的一半左右。

然而，價格崩跌的理由不是只有新冠肺炎。在二〇一九年時已經下滑到一萬二五〇〇日圓。

理由在於京都市內旅館的供應量增加。

據京都市的資料指出，二〇一四年到二〇一七年期間，京都增加了很多外國觀光客，主要旅館每年的平均住房率超過九成以上。「對想住宿的人來說，預約飯店變成一件很困難的事。」京都市產業觀光局表示。在以旅客為受訪對象的問卷中，回答「想住宿也沒辦法」的人也超過了一成。

因此京都市為了增加更多優良的住宿設施，於二〇一七年公布了「京都市住宿設施擴充、引進方針」，也提供旅館開設支援跟放寬建地規定。

因此二〇一五年三月底原本市內的住宿客房數是二萬九一八九間，到了二〇年三月底增加為五萬三四七一間，漲了一・八倍。

這樣急速的提高供給量，造成價格競爭，導致住宿費崩跌。

趁著這波開幕風潮於二〇一八年八月開張的和邸，當時公布的房價本來是一萬四〇〇〇日圓，隔年就調降了一五〇〇日圓。

位於熱鬧街道的「HOTEL VISTA PREMIO 京都 河原町通」也一樣，在二〇一七年為止，隨著外國觀光客的增加，每年都會調漲一五〇〇日圓，但是價格最高峰卻停留在二〇一七年的一萬四五〇〇日圓，二〇一八年為一萬四〇〇〇日圓、二〇一九年為一萬二五〇〇日圓。

「不惜調降單價也要維持住房率」，飯店的方針如此，所以溝口經理表示：「大約從二〇一八年開始，每一年京都市內都持續有飯店開幕。為了迎戰只能降價。」儼然成了消耗戰狀態。

溝口經理說，附近相同價位的飯店在二〇一九年一年內大約增加了三十家，共有五千間客房；二〇二〇年估計還會增加二十五家飯店、四千五百間客房。

特別是京都車站前有許多大型飯店，所以住到都心飯店的旅客就變少了。

「車站前面的旅館對第一次來的人而言很方便，旅行社也好推。車站前的飯店住房率比我們高出一〇％，而都心部的飯店因為價格競爭的關係，會便宜一〇〇〇日圓。即使如此，但因為車站前面的飯店都是大型的，所以為了住宿率一直都是設定成低價位。」

實在是惡性循環。

## 供給過多導致價格崩跌的京都

此時又加上了新冠肺炎疫情的打擊。

二〇二〇年九月，京都市內附近飯店附設衛浴的十九平方公尺客房打出「二人二五二〇日圓」這樣便宜的促銷價格，令某飯店關係業者感到非常驚訝。

當時自家的飯店是五二〇〇日圓，其他飯店就算再怎麼便宜，都會撐在四五〇〇〇日圓左右。

「一個人相當於一二六〇日圓。終於也有這一天了嗎？我那時完全說不出話來。」

附近有間二月開張的旅館，在四月時停止營業，悄悄地關門了。

「在疫情之前，就算必須降價，至少住宿率還是能看，有總比沒有好。」

某間商務旅館二〇二〇年上半期的收入是二〇一九年同期的三成左右，營收嚴重赤字。

京都市觀光協會表示：「不只廉價旅館，外資系的高級品牌飯店也在增加。價格競爭不在於旅館增加，而是在於相近價位的住宿設施同時開張的關係。」

「加強生活備品（肥皂或牙刷等）或用餐內容、配合旅行社方案，做到跟其他地區的差異才是重點。」

在行政制度方面，「比起限制新業者加入，建立優良飯店業者等指引方針才是解決之道。」

事實上，京都市也訂定了表揚制度，獎勵在清潔衛生方面表現優異的飯店。

「我們不希望給大家的印象是廉價的街道。有高級飯店也有便宜旅館，選項變多對消費者來說是好事。住便宜旅館，多出的錢可以拿來吃飯買東西，我們不希望走極端化，而是提供一個整合後的消費方案，希望消費者整體花的錢是一樣的。」

然而，造成商務旅館價位崩跌、一路下殺到二五二〇日圓的原因，是來自於民宿或青年旅館的倒閉。相關業者認為：「大型飯店持續開張，所以像青年旅館這種型式就減少了。」積極投資主要都市飯店的投資法人，也在最近賣掉了京都市內的飯店。二〇二〇年九月的平均客房單價為九二一三日圓，比二〇一六年九月跌了二〇%。

如果飯店業者不提升附加價值、修正方向，無視以外國觀光客為主的高級路線，光靠內部供需的話，價位只會越來越低廉。

## 3 ——「昂貴的日本？」手機費率調降的壓力

正月氣氛還沒完全離開的二〇二一年一月十三日。

ＫＤＤＩ發表了手機通話費將下調的消息。另外還公布了上網容量二十ＧＢ的便宜新費率，至於高速通訊規格「５Ｇ」的吃到飽方案也調降約二成。

業界最大廠 NTT Docomo 和 SoftBank 也在二〇二〇年十二月同樣發表了降價方案。ＫＤＤＩ發表消息之後，業界三大龍頭的降價策略就一致了。

三大龍頭在這幾年來，一直受到強大的降價壓力。

最初的開端是在二〇一五年。

安倍晉三前首相在經濟財政諮詢會議上指出：「減輕手機費率等民生負擔是重要的議題。」隨著智慧型手機的普及，屬於消費支出的手機費率占比增高。

「手機費率還有調降四成的空間。」

菅義偉首相在官房長官時代，尤其是二〇一八年左右，也多次提過希望手機費率能夠調降。

此外總務省在二〇二〇年六月發布的調查中指出，該年三月時二十ＧＢ的電信

圖表 4-2 東京二十 GB 的手機費率被認爲很貴

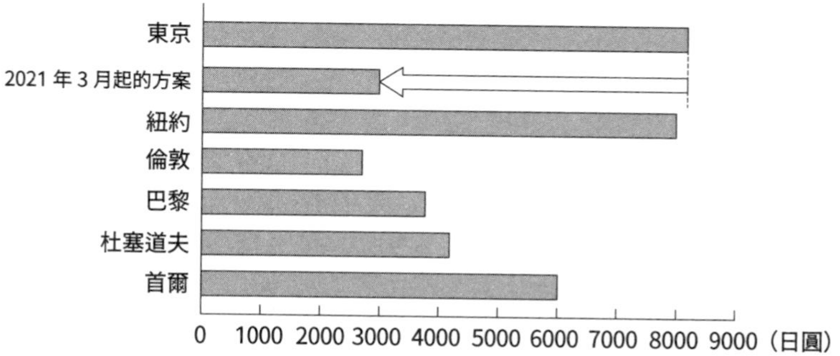


**出處** 總務省

注 以各都市市占首位電信公司的「通話費每月六十五分鐘、簡訊每月一〇八封、數據每月二十 GB」同內容方案作比較。含稅價。二〇二一年三月起的方案爲通話費每五分鐘內通話吃到飽、未稅。

費，在巴黎、倫敦等主要六個都市中，東京是最貴的（Docomo，八一七五日圓）。在廉價日本中，電信費屬於「昂貴的例外」。

二〇二〇年九月菅政權執政之後，各電信公司之間的攻防戰更加激烈。

「要到年底才有辦法回答。」

「那家公司可能會首先宣布降價。」

在媒體應對上也白熱化，每天在企業和關係人士間都有各種流言謠傳。

二〇二〇年十月，KDDI 和 SoftBank 打出了各自的降價新方案

「UQ Mobile」「Y!Mobile」，但是由於換電信公司需要手續費，所以被武田良太總務大臣批評：「沒有意義。」結果在年底跨新年時，各家便公布了主力品牌的降價方案。

「手機費率並非公訂價。」

二〇二〇年秋天開始，各電信公司的關係業者異口同聲忿忿不平的表示。

然而，實際上當三大龍頭同步降價之後，消費者紛紛表示「明明就可以降價的嘛。」高層指出：「因為是民營企業，所以由市場競爭來決定要不要降價是最健全的。」然而從消費者眼光看來，不降價只是因為「不想做」。

說起來，手機費率因為還有綁手機本體這樣複雜的折扣關係，所以慣例是以「家庭方案」或期間限定方案等各種複雜的組合方案來標示價格，消費者也因而對電信公司抱持不信任的態度。

電信公司價格不動如山的惡行，其背景在於市場長年被三大電信獨占。

慶應義塾大學研究所茂垣昌宏研究員批評：「SoftBank當初當加入電信業時，

以其大膽的策略撼動了業界，但近年來費用也回到同行水準這樣的老毛病。」二〇一三年 SoftBank 收購了市占第四名的 eAccess，這七年來，市場一直被 Docomo、KDDI 和 SoftBank 所獨占。一般而言，如果在三家獨大的狀態下，公司的市占率只要超過二〇％，市場就很難有競爭了。

在一直維持四間電信公司體制的美國，當時 T Mobile 跟 Sprint 的合併也花了六年。法國也是因為二〇一二年大廠以新品牌加入市場，成為了四家公司的體制，所以才有價格競爭的動力。

日本長年被三大電信獨占，所以消費者的負擔很重。

日本《經濟新聞》及 Insight Tech 於二〇二〇年十一月以約一萬名消費者為對象實施的問卷中，有七成的人「對於目前的通訊方案費用」表示「太貴」。「那要降調多少才會覺得便宜呢？」回答「三成」的有三四％、「四成」的有十四％，「五成以上」的有二九％，這裡也呈現了消費者對低價位的需求。

換句話說，也是因為國民收入沒有增加，所以負擔變重了。對手機產業很了解的MM總研橫田英明專務表示：「跟持續通膨的國外不同，日本有著通貨緊縮的傾向。隨著科技的進步，數據容量變大，所以這一方面的家計支出也理所當然變重了。」

從總務省的家用調查可知，二〇一九年二人以上的家庭消費中，手機費率占了約四%。

日本手機持有率幾乎是人手一台，拍照APP或影片播放等也讓數據量上升。日本的可支配所得並沒有大幅上漲，但手機費率在家用支出上卻變得沉重。

消費者其實還有虛擬行動電話服務（MVNO）這個選項。但是問卷裡使用Docomo、au和SoftBank三大電信的人占了七千人，其中有七五%表示「目前沒有換成MVNO的打算」。想要換成MVNO還有很長的路要走。

某位男性職員（四十二歲）表示：「雖然覺得Docomo很貴，但我還是一直在用。因為沒有那種時間去解約……」像他這樣的消費者應該很多吧。

各家電信公司為了減低消費者在手續費或解約的負擔，在門號攜碼上的門檻降低了很多，消費者也應該更積極的去尋找適合自己的方案才是。

電信三大和樂天 Mobile 的大幅降價，也對業界留下沈重的問題。

MVNO 原本「便宜」的價格優勢被剝奪，被迫加入了生存競爭的消耗戰中。也就是說，「第四個選項（樂天）或 MVNO 讓市場產生競爭，並造成龍頭的服務品質提升跟降價」。本來應該是這種走向的，但現在這樣的情勢卻崩壞了。

「英國雖然費用便宜，但搭地下鐵時沒有網路。」某派駐倫敦的日本企業員工表示。由此看來，日本的通訊品質在全球也算屈指可數。在符合這種品質的價格方面，有必要再做探討。

尤其是 5G，在二〇二〇年春天商業服務開剛始時，三大龍頭就降了最多二成。然而各公司今後要再投以數兆日圓的規模在基地台建設上。降價會使設備投資踩煞車，有可能造成通訊建設的倒退。

中央大學的實積壽也教授表示：「如果沒有市場競爭，那降價就不會有持續性。」

另一方面，由於是使用可稱為公共財的電波來進行企業活動，所以在長期獨占導致競爭停滯的情況下，政府介入也是不可避免的。雖然這種介入是個問題，但作為市場機制，只要沒有新加入的公司激發競爭力，那政府的介入也是宿命了。

進入5G時代後，大家使用的通訊傳輸量會越來越多。國家和企業在為了提升所得而努力時，電信公司要提供能讓大家滿意的服務（包含品質在內）是不可或缺的。

除了價格上競爭以外，連帶考慮通訊產業意義的時代已經來臨了。

## 4 —— 水產公司的憂鬱

法國巴黎銀行證券的首席經濟學家河野龍太郎擔憂的說：「如果日本物價繼續低落下去，就連庶民的好朋友生魚片，也可能會有吃不到的一天。」

這是真的嗎？

依據水產廳的年度報告〈水產白書〉，「搶不過人」在二〇〇三年左右成為了話題。

這時歐美和亞洲的健康意識極高，日式料理蔚為風潮，所以作為高級食材的魚類需求激增。結果水產交易的價格變得十分昂貴，無法拿出同樣價格水準的日本業者在買賣市場中敗北，在魚類的進貨上碰了釘子。

二〇〇六年至二〇〇七年左右媒體也點出了這個問題，日本追不上國際市場的價格，至今沒有改變。

圖表 4-3 新興國家的魚貝類消費量增加，日本卻大幅減少

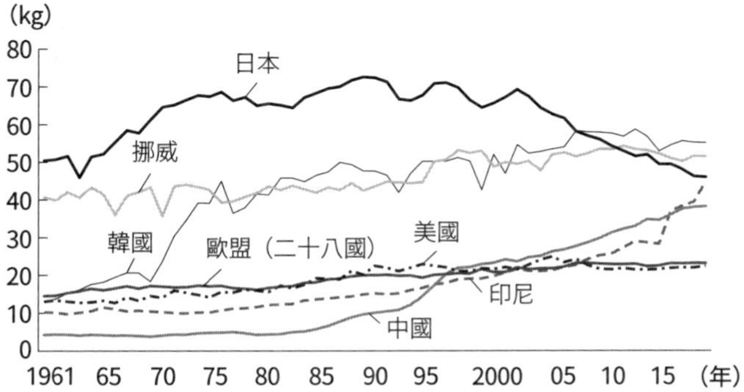


**出處** 日本水產廳

注 每一人一年所食用魚貝類的消費量。以粗食爲基礎。

知名水產公司 Maruha Nichiro 指出，二〇一七年水產的價格跟二〇〇三年相比貴了約六成。原因出自於全球的需求高漲。

水產廳的調查指出，二〇一八年全球漁獲中，天然來源約九八〇〇萬噸，養殖來源約一億一一五〇萬噸，合計約二億噸。其中拿來食用的為一・五億噸。地球人口為七十六億人，因此每一人的消費約超過二十公斤，單純計算的話全人口的消費量約一・五億噸，需求量跟供給量幾乎相當。

全球每一人的海鮮消費量在過去半世紀內增加了二倍。不只已開發國家吹起了日式料理風潮，魚類的高蛋白質也倍受消費者推

崇，所以中產階級所得增加的新興國家對海產的需求也很旺盛。

「隨著生活水準提升，中國成長約九倍，印尼約四倍。」水產廳的報告指出。

另一方面，日本對水產的需求則持續減少中。

「明明那麼貴，還買那麼多……」

Maruha Nichiro 的高層過去到中國四川省成都市的量販店內視察時，很懷疑自己看到的事實。

雖然四川位於內陸，但超市的魚類區卻大量陳列著高級的「白鱈魚」。

白鱈魚在日本也被稱為「銀六」，有著豐厚的脂肪，很適合味噌煮或煮物。近年來在美國或中國非常有人氣，一九九〇年代的國際市場是一公斤三美元左右，二〇一九年時漲到了三十五美金左右，是很高級的魚類。

這種魚在中國內陸的超市，卻人手一袋的在收銀台前等著結帳。

這件事代表了中國的中產階級成長速度，令他印象深刻。

## 全球消費量激增，日本搶輸別國

不只中國。

Maruha Nichiro 的池見賢社長駐在泰國時，去了在曼谷開店的日本定食連鎖店「大戸屋」，也遇到了讓他大吃一驚的事。在日本約九〇〇日圓的魷魚，曼谷要價三倍。

僅管如此，魷魚卻是泰國「大戸屋」最有人氣的料理。

這令他深深感受到了泰國的經濟成長速度。

新興國家的需求高漲，因此在售價上也跟著有所影響。

池見社長說明：「國外的消費者就算花大錢也要吃，但日本人只追求便宜的東西。魚吃得少了，消費者又不買，所以在國際市場上也無法大量進貨。」

而鮭魚、龍蝦和章魚等價格也是一飛沖天。

以迴轉壽司裡連續九年蟬聯冠軍的鮭魚為例。挪威產的鮭魚，進口價格在二〇一〇年時一公斤約七〇〇日圓，但到了二〇一九年時已經漲了快三成，變成一〇三七日圓。

以前不吃生鮭魚的亞洲人，現在的胃對鮭魚都念念不忘。各國都針對年輕人的喜好端出不同菜色。例如把鮭魚取代蝦子，添加泡菜，做成的泡菜生春卷（越南）、搭配魚露的辛辣沙拉「泰式酸辣沙拉」（泰國）。馬來西亞的春節年菜料理中，也有鮭魚拼盤這樣的大陣仗。

中國則是在前菜時將鮭魚端出來。此外，壽司店也是清一色粉紅。「我非常喜歡鮭魚鮮美的脂肪。有時候只是為了吃鮭魚才來。」住上海的三十歲梢姓女子表示。

正如這些例子所呈現的，發展中國家以猛烈之勢進貨，造成國際市場行情高漲。負責 Maruha Nichiro 水產部門的粟山治專務感受到了危機：「烤大西洋鮭這類西式料理在美國也開始流行了。等全球更加普及後，日本很可能就進不了貨了。」

章魚也一樣。原本只有南歐人才吃的章魚，在全歐洲和美國開始盛行。二〇〇〇年時一公斤的進口價格是三三五日圓，二〇一八年已經超過了一〇〇〇日圓。歐洲的市場價格從二〇一四年起，短短六年內漲了五成。

價格高漲加上需求減少，所以日本在二〇〇〇年時雖然曾進口了十一萬噸，但二〇一八年之後減少到只有三萬噸。

「在中國這麼有人氣，到底是為什麼……」

栗山專務的不安沒有止盡。

為了解決買不到造成的供貨量缺口，該公司在完全養殖上花了很大心力。一般的鮪魚養殖是將天然鮪魚的幼魚養到成魚，而完全養殖則是從孵化魚卵開始，不依賴天然資源。另一方面由於餵魚餌要花一年左右，所以人事費用和魚餌費用也是成本。歐洲則是附加了持續性的經營戰略，所以可以賣出好價錢。

然而「在日本，雖然很多人喊著『這些魚真棒啊』，但賣不出去的例子還是很多。」池見社長說道。「日本市場也應該導入環境意識，在附加價值上設法拿到相對等的價格。」

新冠疫情也對水產品造成影響。

近年來日本餐飲業針對外國觀光客的宴會也經常使用海鮮。然而隨著外國觀光客的消失，多出來的高級魚類「以過去意想不到的便宜價格」在超市內大量販售。同樣的情景也在美國出現。

一開始提到的高級白鱈魚，在美國的餐廳約是六〇至七〇美元，但隨著餐飲店被迫歇業，已從三十五美金的國際市場價格跌到了十七美金。

魚類的價格下滑雖是全球共通的，但接受的方式卻各不相同。

「即使這樣，日本人也不會將價格出到十七美金。頂多十二至十三美金吧。」粟山專務說。

## 5 ——「廉價」帶來的弊端

到目前為止，介紹了很多「廉價」的物品或服務及其問題所在。

然而應該還是有很多人覺得，「雖然薪水很低，但只要物價便宜就能生活，這樣也沒什麼不好。」

的確，對照物價的話，只要收入高，就能過著無虞的生活，「廉價」和「貧窮」並非一定有關聯。兩者並不是畫上等號的。

然而，哥倫比亞大學的伊藤隆教授卻敲響一記警鐘：「日本商品的低廉價格遲早會以浩劫的形式報應到日本頭上。」

伊藤教授的理由如下。

### ①個人的問題

海外高級名牌包或名酒、名畫等等，這種在國際間是以一物一價的方式成立的高級名品，對日本人而言，是遙不可及之物。

由於住宿費和旅費很高，也沒辦法常常出國旅行。

也就是說歐美人或亞洲人可以長住日本或享受購物之樂，但日本人卻沒有這種閒錢去他們的國家玩。

### ②人才流失

跟國外企業相比，日本企業沒有提供高薪的吸引力，會英文的菁英日本人為了謀求更高的薪資會轉往海外公司。而為了尋找優秀的人才，將據點移往海外的日本企業也會越來越多。

## ③無法培育人才

日本年輕人就算想要成長，但付不出國外念書的學費所以也無法留學。不會英文、能力差的人，最後只能留在國內，別無選擇地在薪資低廉、過去只能雇用外籍移工的公司做低階勞工的工作。

## ④最後能活躍於國際的人才便越來越少

最後日本人便無法在國際企業或國際機構上占有一席之地。日本企業的高層也都是外國人，日本人只是一般員工，所得都流到國外，日本有可能變得更貧困。日本企業也無法對海外支援做出貢獻，從國家的立場來看，保衛國家的自衛隊裝備也會跟著變差。

這些要素，可能會扼殺日本的成長力。

## 6——疫情過後，日本還會這麼「廉價」嗎？

新冠肺炎疫情造成景氣降溫，為了防止感染擴大，在外食或旅行等經濟活動上的限制造成需求的抑制，另一方面供應鏈的斷裂也造成供給下滑。

需求變小，物價容易下跌。當然在家上班的普及以及宅家文化也造成電腦、平板或遊戲機、外送服務等需求增加，物價上漲。

在歐美和亞洲等新興國家也同樣有著「需求減少造成物價下跌」的現象，「但相對而言，日本物價的『低廉』仍然不會改變。」哥倫比亞大學伊藤教授說。

還有另一種看法。

第一生命經濟研究所的經濟學家永濱認為「疫情過後，很可能會朝著服務業的物價下跌和『財』的物價上升這兩種極端方向前進。」

所謂的財就是物品，為了防止供應鏈斷裂，生產有往國內回流的傾向。這些商品有一部分的價格便會調整。

「即便如此，『廉價日本』也只是變成『物價稍微便宜一點的日本』而已。」永濱經濟學家表示。因為日本跟海外相比，物價下跌的壓力更強。

海外持續通膨，東西的價格很容易上漲，這代表金錢的價值下跌了。日本物價不容易上漲，所以金錢的價值難以下跌。如此一來貨幣的兌換比例跟匯率會讓日圓更容易升值，而日圓升值又跟生產據點空洞化有關。

這簡直是惡性循環。

## 7——國家、企業及個人該怎麼做

二〇二一年二月，美國影音串流大廠 Netflix 在日本的漲幅高達十三%。

國內其他競爭對手大多維持價格不變，但 Netflix 的主要方案卻從每月一三二〇日圓調漲到一四九〇日圓，和美國同水準。

全球會員超過二億人，在原創作品上也加強心思的 Netflix，會定期調漲全球的價格。二〇二〇年的美國和加拿大、二〇二一年一月的英國也宣布了每個月調漲一〇〇至三〇〇日圓。像這樣不分國境在數位服務上做到全球標準的價格機制，並不會去顧慮日本的便宜物價，仍會將此機制導入日本。

這樣的調漲也逼得我們開始進行判斷。

就算漲價還是要付費嗎，抑或不付——

日本在長期通貨緊縮均衡下的狀態，就像是「溫水煮青蛙」，日本在某方面可以說是步調緩慢，但世界是不會等待我們。購買力衰退、跟不上全球價格的日本人難以出國旅行，這些未來現象漸漸開始出現了。

為了不要變成廉價日本，有各方建言出現。

例如從宏觀經濟來看，政府可以採用「通貨再膨脹政策」，多多印鈔，讓人們提高對通膨的期待，或是放寬解雇規定等等。至少絕對要廢除拒絕企業加入協商的規定，活化競爭是不可缺的。數位轉型伴隨著陣痛期，會讓企業在重新調整人員配置上遭遇困難，此外增加提升員工專業性的人才投資、轉型朝生產力高的領域雇用人力等都是很重要的。

這些都不是新的問題，是已經有處方箋的。

最後討論的結果，端看各行業的第一線是否能踏出第一步。

例如放棄終身雇用制，薪資不是採用年功序列制而是以成果論，這樣的體制員工自身是否能接受。從這些切身的課題，到如何修正解雇規定等政治面的決策，這些都是員工可能會面臨到的抉擇。

「日本的常識」並非世界的常識。

物價低廉的日本在面對這些認知時，就算在個體經濟學上看似合理，但微觀經濟學卻並非如此，這種「合成的謬誤」造成的縮小均衡問題，可以一直束縛著我們嗎？我們正面臨這樣的疑問。

# 找解方——

1 **池見賢** Maruha Nichiro・社長
2 **伊藤隆敏** 美國哥倫比亞大學・教授
3 **永濱利廣** 第一生命經濟研究所・首席經濟學家
4 **八代尚宏** 昭和女子大學・副校長
5 **河野太郎** 法國巴黎銀行證券・首席經濟學家

# 1 「日本人可能快吃不到魚了」

## 池見賢

Maruha Nichiro・社長
Ikemi Masaru

一九五七年生。一九八一年京都大學農學部畢後進入大洋漁業（現 Maruha Nichiro）。歷任海外業務部長等，二〇二〇年四月任現職。兵庫縣出身。

已發展國家跟新興國家的需求增加，所以水產品的國際市場行情也高漲，日本跟不上國際腳步的狀況已經持續很久了。日本買不起的背景在於匯率填補不了的差距。由於通貨緊縮，民眾只追求便宜的東西，加上日本人越來越不愛吃魚，導致消費者不想花大錢買魚。新冠疫情造成餐飲業停業，進貨廠商也變少，所以最近日本的魚價格都很便宜。

中華料理前菜會使用鮭魚或龍蝦，現在中國人也因為健康意識抬頭而流行食用海鮮。中國超市裡陳列的白鱈魚標價是日本人絕對買不下手的價格。

泰國曼谷的日本料理店最熱賣的也是魚類料理。這種情況再持續下去，日本會被市場置之不理，連日本庶民最愛的平民料理秋刀魚，未來都有可能吃不到了。

想要提升日本人的購買力，就要提升所得。同時為了避免日本人魚吃得越來越少的現象，在販賣處理的品質上也需要下一番工夫。

「為了處理一條魚還要丟垃圾，實在太麻煩了。」為了消除消費者這樣的心理，我們想要提供沒有魚骨的切片魚肉以及已經簡單調味加工過的商品。

然而，日本的環境意識還很低落，所以類似完全養殖這樣的「附加價值」很難被認同，價格也因此難以提升。**Maruha Nichiro** 還開發及生產了冷凍食品，雙薪家庭的增加讓這樣的需求大幅提升。

另外生食也容易吸引超市的客人購買，我們在幾年前就用四成至五成的折扣做常態的特價販賣，現在還有「每天都便宜」這樣的促銷手法。

新冠肺炎開始擴大的二〇二〇年四月至五月，由於宅經濟的關係，冷凍食品的需求大幅上升。由於很多超市限制人流，所以折扣變少，單價因而上升。今後我想要運用我們的海產資源來開發健康的冷凍食品。未來的理想是端出能讓消費者認可的商品，並以適當的價格販賣。

# 2 「日本的『便宜』總有一天會報應到日本頭上」

**伊藤隆敏**

美國哥倫比亞大學・教授
Ito Takatoshi

一九五〇年生。哈佛大學博士。專業為國際金融。兼任政策研究大學院特別教授。

與紐約、倫敦、巴黎、新加坡等相比，日本幾乎所有的物品跟服務上價格都便宜。拉麵、餐廳的飲食、衣服、車、房租、旅館、理髮店、瓶裝水、電車、巴士、大學學費……全部都是。

「日本的購買力」下滑最根本的原因在於實質薪資沒有提升，跟國外成長的經濟相比，日本的家計有越來越貧困的趨勢。

為什麼薪資不漲呢？因為日本的勞工生產力沒有提升。

為什麼日本的勞工生產力沒有提升呢？人工智慧是廿一世紀所需的技術，但

**圖表 4-5 日本企業能力開發費的 GDP 比明顯比其他國家低落**

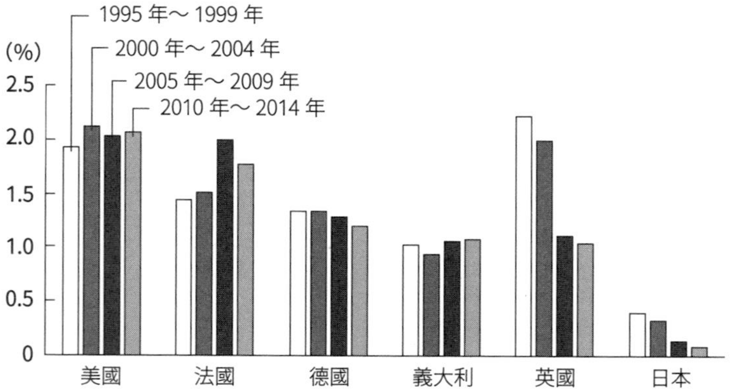


**出處** 厚生勞動省

注 企業對員工能力支付的費用，爲占實質 GDP 比的五年平均值。OJT 除外。

在大學或企業裡卻無法提供學生或員工能夠學習這種技術的環境。

企業無法協助員工提升技能，也無法給專業員工更好的薪水，變成了「雖然沒有很糟的員工，但也沒有傑出的人才」這種狀況。如果在國際上活躍的人才變少的話，日本人也很難在國際企業或國際機構取得一席之地。日本企業的高層是外國人，日本人變成一般員工，所得往國外流出，日本變得更加貧困。如此一來，日本企業也沒有餘力對海外施以援助，作為國防一環的自衛隊裝備也會變差。日本的「廉價」代表日本勞工世代不再富足，總有一天會變成嚴重的問題報應到日本頭上。

疫情之下，「廉價日本」的現象仍然相對不變。

日本想要擺脫低廉物價，最重要的一點是把年輕人和低所得收入者這一類消費意願高的人的所得提高。企業提升生產力高的年輕人所得，並且修改終身雇用或年功序列制，另外擴大崗位型雇用也是一種方式。

此外，自家產品或服務的價格設定，也要隨著需求有所變化。品質高的服務如果價格上漲的話，員工的薪資也會有所提升，長期下來就會往有必要生產的東西發展。而消費者也不會批評企業漲價，而是會認同「對高品質商品或服務付出相對應的價格是理所當然的」。



伊藤隆敏
——美國哥倫比亞大學・教授

3

## 「不該減少支出，而是應該努力增加收入」

**永濱利廣**

第一生命經濟研究所．
首席經濟學家
Nagahama Toshihiro

一九九五年早稻田大學畢業後進入第一生命保險。兼任總務省消費統計研究會委員等。二〇一六起任現職。

當我們用消費者物價指數來看時，比起物品，日本的服務更是顯得廉價。服務業的價格雖然跟人事費用有關，但由於日本不調漲薪資，所以價格始終低廉。一般的經濟學會確保員工能確實調薪使消費增加，以便在經濟上維持良好的循環。然而日本近年來就算苦於「人手不足」，仍然沒有調薪。

今後日本跟國外的價格差距只會更大，那日本該怎麼辦呢？

物價下滑在於需求不足，所以在經濟政策上，「對於供給要如何增加需求」的政策是必要的。國家為了喚起需求而實施金融與財政政策以刺激供給，像這種結構上的改革是必須的。二戰後的小泉政權雖然產生了最長的「伊邪那美景氣（二〇〇二年至二〇〇八年）」，但物價卻沒有上漲。我認為現任政權菅義偉（注：本書成書時為二〇二一年）應該執行實質降息的金融財政政策。

政府發行國債讓金錢能夠被有效使用是很重要的，政府若善用金錢也能刺激需求。例如投入未來的基礎建設，或是調整成對消費者有利的稅制、提供免費數位技術的職業訓練讓國民收入可以增加等等。然而日本太過在意財政的規律化，所以在這方面難以執行。在三一一大地震之後，雖然因為重建需求及安倍經濟讓景氣好轉，但卻又馬上增加了消費稅。

企業依照供需把良好的產品設定成適當的價格是很重要的。就算想以宏觀經濟學實施經濟政策，但如果景氣不好還是有點困難的，現在由價格決定一切的機制還是過於保守。明明企業為了賺錢，需要將收益訂出最大化的價格，但現實卻並非如此。

而個人由於家用及收入減少，在金錢上錙銖必較。家用單獨來看或許合理，然而如果每個人都一樣節省的話，從宏觀來看，需求就會縮小。雖然不降低生活水準的節約是好的，但並非削減支出，而是要努力朝著增加收入來轉型。例如積極考慮換工作到待遇好的公司，或是投入副業及投資，或是讓家中有閒暇的人可以更努力工作等等。

全球經濟結構的變化，讓物價跟利息難以上漲。這個開端在於冷戰結束後實行社會主義的新興國家投入了市場經濟，便宜的人工進入資本主義經濟的緣故。由於數位化的關係，物價難以上漲，國內貧富懸殊，有錢人變得更有錢。然而就算錢集中在有錢人身上，也很難跟消費結合。由於物價難以上漲，利息也不會漲，銀根緊縮，錢都集中在股票和證券上。勞動所得難以增加，但投資收入卻變容易了。在經濟全球化之前，只要肯努力工作就容易受到經濟成長的恩惠，然而現在勞動所得卻未見隨著經濟成長。由於投資較容易賺到錢，所以好好投資也變成重要的事了。

# 4 「修正勞動市場，脫離廉價日本」

## 八代尚宏

昭和女子大學・副校長
Yashiro Naohiro

美國馬里蘭州大學經濟學博士。曾任 OECD 經濟統計局主任經濟學家、日本經濟研究中心理事長，二〇二〇年任現職。歷任改革推進相關政府會議委員。

日本每一人的國內總生產（GDP）在這三十年來幾乎沒有成長。

從購買力平價（PPP）來看，日本一度比韓國還低。通縮步調沒有恢復，二〇一三年，第二次安倍政權與日本銀行雖然提出了穩定提升二%物價的「通膨目標」，但卻沒有實現。這就是薪資停滯不前的原因。

為何薪資不漲還能生活呢？原因之一就是雙薪家庭增多了。以前的時代還有「老公錢賺得少，所以老婆要出來工作」的說法，但後來在女性高學歷的背景下，以社會參與和自我實現等正向理由為由的雙薪家庭也增加了。結果就是雖然男人無法靠自己一人的薪水養活全家，但所得水準高的二個正職員工合體的雙薪家庭，所得能贏過單靠老公一人賺錢的家庭。以前雙薪世代是讓所得差距縮小的主因，但最近卻又將差距拉大了。另外，由於相對低薪的女性比例增加，就業人口的結構發生變化，導致平均薪資率也連帶受到影響。

日本薪資低的理由在於其他國家都在成長，唯獨日本的勞動生產力停滯不前。特別是生產力高的製造業，紛紛關閉國內的工廠轉往海外。結果就是生產力低的農業跟服務業比例變高。另一方面，製造業把成本高的工廠留在國內的話，就很難跟上世界的全球價值鏈。

想要調漲薪資，大致來說有二種方法。

①**就算要花錢，公司還是要先投資在數位化上以提高勞動生產力**。這個方法也可以讓生產力高的領域能保持雇用的流動化。這個方式在過去高經濟成長期是中小企業所擅長的。只是現在中小企業充滿過剩的勞動力，所以有必要修正中小企業的過度保護政策。企業雖然應該集中於ＩＣＴ（情報通訊技術）部門，但如此一來原

有的雇用方式也無法維持。因此，企業應該訂定出「用錢來解決解雇問題」的規範，以合理的報酬讓員工同意自行離職，這是很重要的。這種以金錢解決解雇問題的制度，在歐洲是很普遍的。

②**廢除現在企業無法參加的領域規範，讓競爭自由化**。例如農業、醫療、教育及法務等領域。舉例來說，農業的「減反政策」（注：日本抑制稻米生產的政策）這類沒效率的政策造成低薪，但是若建立一個能提高生產力並且能夠調薪的制度，新的勞動者就會湧入。明明知道需要改革，日本卻做不到。如此一來日本很可能會被外國追過去，造成惡性循環。

日本容易陷入「經濟已經不需要成長」這樣的想法。然而以合理的工作方式提高員工的生產力，可以增加新的雇用機會、讓生活更富足。雖然隨意轉職不太好，但能夠找到一間不侷限年齡、可以安心工作且符合自己能力的公司，這才是流動的勞動市場所希望的。



八代尚宏
——昭和女子大學・副校長

# 5 「爲了擺脫廉價日本，國家需要考慮該怎麼課稅」


## 河野太郎

法國巴黎銀行證券·
首席經濟學家
Kouno Ryutarou

一九八七年橫濱國立大學經濟學部畢業後進入住友銀行。曾任大和投資顧問、第一生命經濟研究所。二〇〇〇年十一月進入現職。專業為日本經濟論及經濟政策論。愛媛縣人。

日本經濟低成長的理由有兩個原因：①企業就算賺錢，也不會去投資員工或是無形資產，只是一味的死存錢。②為了降低成本而增加非正職員工。

厚生勞動省資料指出，企業在提升員工能力的支出費用上所占GDP的比例，比美國或法國低很多。因此不止非正職，就連正職員工的生產力都無法提升，薪資也十分低迷。員工資本無法儲蓄的話，就拿不出客人想要的服務。在企業的科技技術投資上，已開發國家中也只有日本從二〇〇〇年起就沒有增加，實質薪資一直停滯不前。

非正職增加造成的問題不止生產力低迷，也跟消費無法回升連結在一起。二〇一〇年後人手嚴重不足，非正職的待遇隨之改善，但儘管如此，日本的消費仍然低迷。非正職者所得少但喜愛消費，所以只要薪資增加，照理來說消費力應該就會好轉，但事實並非如此，二〇一〇年代就算是在完全雇用制度下，消費仍然低迷，這是導致宏觀經濟學停滯的一個很大因素。因此企業只好以便宜的價格來拼勝負。

非正職者因為知道在景氣不好時，自己很容易成為人事調整的一員，所以就算薪資增加他們也不消費，只會把錢存起來。在疫情開始之後，政府雖然以雇用調整補助金等政策來保護正職員工，但非正職員工的雇用環境則明顯惡化。

因此，今後必須建構一個非正職員工的社會安全網，像是失業補助也可以包含非正職員工。這些人由於長期不是隸屬於同樣的公司，所以為了讓他們可在成長領域就職，應該在就業訓練或支援上也給予優待。這些方式在瑞典被稱為「積極勞動市場政策」。如果不將這些占了四成雇用的非正職員工也納入安全網，那麼就算景氣回春，消費力還是無法恢復。



河野太郎
——法國巴黎銀行證券・首席經濟學家

廉價日本代表能以較低的價格提供優良品質的商品，但也代表無法訂定出適當的價格。好東西便宜賣出，代表經濟剩餘大，雖然這也代表了經濟福利好，但經濟剩餘無法算在GDP內。此外企業沒利潤所以薪資無法調漲，只要GDP不增加，稅收就不會增加，社會福利的財源也無法獲得。所以找出平衡是很重要的。

日本明明沒有達到完全的消費增稅，在社會保障的執行上也沒有效率，卻能避開財政危機，原因在於二〇〇〇年之後，政府將年金改革跟後期高齡者醫療改革等受雇者的社會保險費調漲的關係。社會保險費調漲後公司的負擔變重了，這也是公司會將非正職取代正職的理由。隨著高齡化而膨脹的社會保障給付財源，在籌錢時也不是用增稅的方式，而是調漲現今的社會保險費。雖然在政治上採用的是最容易徵收的部分，但卻造成了日本經濟的重擔。因此造成實際上的勞動課稅、消費低迷也是理所當然的。

日本要擺脫物價低廉的魔咒，國家必須考慮課稅的方針。安倍經濟雖然執行了消費稅增加和法人稅減免的政策，但考慮到附加價值是資本所得和勞動所得的合計，這種組合代表要加重勞動所得的稅，以及修改對勞動不利的稅制。考慮到經濟貧富差距的時代來臨，對資本課稅雖然是必要的，但是假設消費稅增加和調降社會保險費（勞動所得）同時執行的話，就會成為事實上的資本課稅。對企業而言，出口的時候，消費稅和社會保險費不同，是可以返還的，所以在競爭力上不會受到壞的影響。社會保險費的調降，對於所得不高的受雇者來說則非常有助益。事實上，現今貧困的青壯世代要負擔社會保障給付給經濟無虞的高齡者是一個很大的問題，透過上述方式可以改善這種問題。社會保障給付的負擔，可以透過增加消費稅讓有餘裕的老年人來付。當然貧困的老年人則需要放寬現金給付的政策。雖然這種政策可能會因為老年人的抗議在政治上有所難度，但若是一直維持現狀的話，社會保障制度和宏觀經濟就無法維持下去了。

企業要做的事不是削減成本，而是去做提高生產力的投資。員工為了提高自身的資本，也需要一邊考慮工作模式的平衡，一邊加強自身的職業技能。至於高中或大學，也應該要提供學生準備就業的具體技能相關教育。


河野太郎
——法國巴黎銀行證券・首席經濟學家

# 後記

中藤　玲

「日本的薪資水準不知從何時開始，在經濟合作暨發展組織國家中屬於非常落後的水準。」

二〇二一年一月底，在春季勞資交涉的勞資高層會談中，經團連的中西宏明會長這樣表示。日本的平均薪資在G7中是倒數第一。

這個「不知從何時開始」的講法，應該也有些讀者會認同吧。

日本在失落的三十年內，國內的薪資和物價一直停滯不前，結果日本在人才方面也失去了競爭力。對包含筆者在內不知經濟泡沫期為何物的世代而言，日本在全球的凋零似乎是理所當然的事。

我在採訪企業時常常見到這樣的例子，當經營者和主管在海外分店的部下被當地的對手公司挖角時，他們也只是苦笑著說：「因為我們給不起對方那麼高的薪水，所以只能對他說『恭喜』。」這不光只是本金大小的問題，而是一直以來沒有改革的人事制度問題。前員工如果回鍋時，想要調整到符合他的薪水，一定會有現任員工不滿，所以也有許多公司有著「禁止回鍋」的政策。

藉由本書的採訪，讓我在思考「廉價日本」議題時，也會想到「日本的富饒」是什麼。

依據國土交通省二〇二一年一月底的調查，東京都二人以上的工作世代中間層（前段四〇至六〇%）的可支配所得扣除伙食費、住宿相關費用和通勤費等固定開銷後，剩餘可使用在娛樂等方面的金額是第四十七名，在全都道府縣敬陪末座。

也就是說，「東京都的中間層世代，在全國是經濟最不寬裕的一群。」

就算在「廉價日本」的首都生活，也有這麼多人過得很艱苦——

日本的物價在全球看來雖然很便宜，但對日本人來說卻沒有這麼便宜，這樣的現實或許很快就會來臨。

連載中的〈廉價日本〉是由中西豐紀編集局企業報導部次長（當時職位，以下同）以及小高航部次長作為編輯窗口。海外經驗豐富的兩人，在報導的採用上有著國際化的視野，指導了我很多。而負責連載第三期的井上孝之記者、花田亮輔記者和橋本剛志記者，則是交叉比較日本工作的外國人和美日的薪資，並尖銳的指出曾經對新興國家的人來說是夢想工作地點的日本，已經沉淪了。和我共同採訪大創的佐伯太朗記者，則是從他前證券行員的觀點，仔細的分析了海外的統計。

為了確保編輯能夠得以協力，這次是以單人作者的方式成書。如果沒有全員採訪、執筆並以團隊方式呈現出〈廉價日本〉連載報導，這次的成書也不會實現。大隅隆部長在看到我拙劣的企劃提案時，一針見血的以「這就是廉價日本」下了標題，接著才有連載及成書，期間受到了非常多人的建言及鼓勵。而接受採訪的受訪者以及曾幫助我的許多人，我在此處也要想各位說聲感謝。

本書在二〇一九年底刊於報紙後，日本經濟新聞出版社（現日經 BP 日本經濟新聞出版本部）來詢問是否可成書，後續也開始執行。只是之後隨著新冠疫情擴大，世界大亂，因而也添加了一些疫情相關的內容，並在此時付梓。第一編輯部的長澤香繪小姐也提供了我非常多的協助。

在新冠疫情爆發後，許多服務業的需求消失，造成價格更加下跌。十年後再來回顧，現在或許是全球非常大的一個轉捩點，若本書能讓人有所警惕的話，我會很高興的。

View100

# 廉價日本 增訂版

消費變便宜，為何不好？
什麼都漲的時代？為什麼只有薪水不漲？

安いニッポン 「価格」が示す停滞

作　　者／中藤玲 Nakafuji Rei
社　　長／陳純純
總 編 輯／鄭潔
主　　編／胡傳斌
譯　　者／呂丹芸
封面設計／陳姿妤
內文排版／陳姿妤
整合行銷經理／陳彥吟

出版發行／好優文化
電話／ 02-8914-6405
傳真／ 02-2910-7127
劃撥帳號／ 50197591
劃撥戶名／好優文化出版有限公司
E-Mail ／ good@elitebook.tw
出色文化臉書／ https://www.facebook.com/goodpublish
地址／台灣新北市新店區寶興路 45 巷 6 弄 5 號 6 樓
法律顧問／六合法律事務所 李佩昌律師

印　　製／鴻友印前數位整合股份有限公司
書　　號／ View100
I S B N ／ 978-626-7216-91-0
初版一刷／ 2024 年 6 月
定　　價／新台幣 430 元

廉價日本：消費變便宜，為何不好？什麼都漲的時代？為什麼只有薪水不漲？/ 中藤玲作；呂丹芸譯. -- 增訂一版. -- 新北市：好優文化，二〇二四.06
面；　公分
ISBN 978-626-7216-91-0( 平裝 )

1.CST: 經濟發展 2.CST: 日本

552.31　　113006464